最新國文教科書

福建長樂高鳳謙
浙江海鹽張元濟 校訂

江蘇武進蔣維喬
陽湖莊俞 編纂

上海商務印書館印行

教育部審定

新式

國文教科書

國民學校用　第五冊

上海中華書局印行

訂正

新制國文教科書 第七冊

上海中華書局印行

秋季始業

國民學校第三學年第一學期用

初級

小學

國語課本

秋季始業用

第七冊

新編

高級小學

國語課本

第四冊

新華書店出版

高級小学

語文課本

第四册

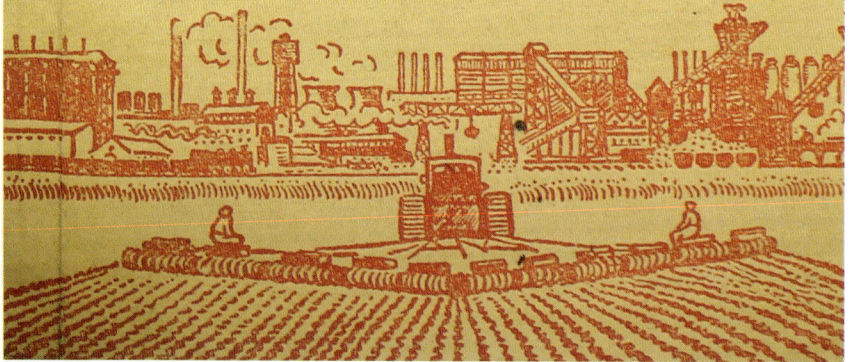

河南省小学课本

政治语文

四年级下册

初級小学課本

語文

第七册

教育部人文社会科学研究规划基金项目成果（15YJA880014）

"人的形象"及其教育意义研究：基于小学语文教材的视角

范远波　著

Wuhan University Press
武汉大学出版社

图书在版编目(CIP)数据

"人的形象"及其教育意义研究：基于小学语文教材的视角/范远波著.
—武汉：武汉大学出版社，2020.6（2022.8重印）

ISBN 978－7－307－21559－7

Ⅰ.人… Ⅱ.范… Ⅲ.小学语文课－教材－研究 Ⅳ.G623.202

中国版本图书馆CIP数据核字(2020)第091122号

责任编辑：黄朝昉　　　责任校对：牟　丹　　　版式设计：凯文传媒

出版发行：**武汉大学出版社**　　（430072　武昌　珞珈山）

（电子邮箱：cbs22@whu.edu.cn 网址：www.wdp.com.cn）

印刷：廊坊市海涛印刷有限公司

开本：710×1000　1/16　　　印张：11.5　　　字数：150千字

版次：2020年6月第1版　　2022年8月第2次印刷

ISBN 978－7－307－21559－7　　定价：58.00元

前　言

　　"人的形象"是许多学科研究都不可能不牵涉的对象，它既可以是从人的思想中构造和概括出来的，也可以是从社会现实中呈现出来的。本书以清末以来小学语文教科书对"人的形象"的认识和呈现为课题，重点选取了小学语文教材中呈现的儿童形象、自立形象、榜样形象、职业形象和智慧形象进行分析。本书立足于考量这些"人的形象"的熏陶感染作用，既考虑其所处的家庭伦理关系，也考虑其社会地位、社会角色以及所带来的教育影响和多方面的意义，并通过揭示教科书对这些"人的形象"的选取、塑造到呈现的教育认识和价值取向，追溯其背后隐藏的社会观念、民族心理及其对人的现代化的影响，为小学语文教材的编制和使用提供多角度的思考和启示。

　　小学语文教科书呈现的儿童形象主要是从教材中呈现的儿童视角、儿童语言、儿童行为、儿童兴趣、儿童事件作为表现内容的课文出发的，其中虽然也涉及了成人形象，但主要是以呈现儿童的具体形态或生活图景作为内容，尤其是名人小时候的事迹，借以作为引导儿童成长的内容。儿童形象的塑造与修身和品质教育密切相关，我国传统蒙学教材的儿童形象主要是围绕儒家孝道和以仁爱为核心的传统道德进行选取和塑造的，选取名人小时候的事迹居多，而且均是基于成人视角的叙述和说理教育。延续到 20 世纪 20 年代，由于受新文化运动影响，名人小时候的形象逐渐被凡人和拟人的动物取代。中华人民共和国成立之后，教科书中的儿童形象逐渐多样化，从孔融、曹冲、司马光到革命领袖、革命英雄以及科学家、工程师、艺术家等，基本上是以刻画名人小时候的不凡和超人之处来树立和传递名人的形象，从而实现感染和教育儿童的目的。

小学语文教科书呈现的自立形象主要是指学校的自立教育，其重点任务聚焦于儿童的精神成长，突出自立意识的养成。自立意识的内容，不同学者有不同的划分标准，本书从个体自我意识的影响面出发，结合小学语文课文的具体内容，从四个维度对个体自立意识的养成教育展开分析：一是基于天然本性和自我力量行动的自发意识，二是基于自我知识和能力认可的自信意识，三是基于积极人生态度和价值观处事的自强意识，四是基于自我人格和声誉立世的自尊意识。笔者希望通过对小学语文教材的编制进行分析，为儿童更好地自立于家庭、学校和社会提供可以借鉴和效仿的对象，也为教师更好地推动儿童自立意识的生成和强化提供启迪和路径。

小学语文教科书呈现的榜样形象一般是指受到赞扬和肯定的人，旨在推动儿童形成积极的人生态度和价值观。教科书通常的做法是选取体现社会主流价值的有感染力的榜样呈现给受教育者，为每个确定的角色提供相应的社会化榜样，以利于儿童自身角色的认知和未来发展方向的确立。作为提供给儿童作为效仿的人或事例，无论是真实的名人榜样，还是虚构的凡人榜样，其对儿童态度学习的价值大小和影响力都取决于其真实性、多样化和感染力。本书围绕这三个因素分别从人物、情节、环境三个维度探索榜样的选取、塑造和呈现过程中的经验，对于增强语文教科书作为社会主流文化载体的熏陶感染作用，推动儿童社会化具有启迪意义。

小学语文教科书呈现的智慧形象主要是指具有较强的处理事务能力的人。中西方对于处理事务能力的关注点有所不同。中国多指社会事务，体现在人际沟通和社会影响力方面的智慧；西方多指自己的事务，体现在自己独立做事的能力上，重视自身满足感的体验结果。语文教材在智慧形象的选取和塑造上，其意图是为儿童提供效仿对象，因此，倾向于选取有社会影响力的智慧形象，或选取名人小时候的智慧表现以及强者的智慧表现，而弱者的智慧表现则多被看作狡猾和投机取巧的行为。本书结合小学语文教科书中具体的课文内容，对智慧形象的呈现方式、类型以及价值取向进行梳理和分析，以期为教材的编制者和使用者提供一定的认识思路和借鉴。

小学语文教材中有关职业的介绍和职业形象的呈现，尽管自清末以来已逐渐受到重视，但是受传统"君子不器"的思想影响，小学语文教材更多地只是结合行业或具体职业介绍相关的知识，很少对从业者形象尤其是直接指向农林牧渔业从业人员、服务业人员、生产设备操作人员等相对务实的职业形象或指向体力劳动的从业者形象进行细致的刻画和行为描述。大部分选取社会管理者和精神生产者进行职业形象的塑造，尤其是曾经建功立业的青史留名者，而对于物质生产者的从业场景和行为描写则相对缺乏。在塑造职业形象时，也不是从敬业的角度出发去塑造从业者的职业技能和精神品格，而是主要从社会层面去塑造传统价值观或社会主流价值观，缺少突出行业经验和专业技术价值的职业形象。

总之，小学语文教科书中"人的形象"的塑造和提供，不论是同时代的，还是不同时代的，也不管是同一主题的，还是不同主题的，对儿童成长都有一定的熏陶感染作用，同时也有激发儿童学习兴趣的作用。从教育的角度来研究语文教科书中"人的形象"，主要着眼于前者，通过对教材中"人的形象"的塑造分析，力求全面揭示教材编制者期望的教育意义以及教材使用者可能产生的教育意义，以期能够更好地推动语文教科书对儿童价值引导作用的发挥，这也正是本书的出发点和努力方向。

目　录

第一章 引言："人的形象"研究与教育

"人的形象"既可以是从人的思想中构造和概括出来的，也可以是从社会现实中呈现出来的，它是任何学科研究都不可能不牵涉的对象，也是无法避开或绕开的研究内容之一，甚至纯粹研究自然规律的科学，也会触及谁在研究、研究的意义和价值何在等问题，只不过不同学科研究的切入点和侧重点有所不同而已。

一、"人的形象"研究

"形象"一词在汉语中释为形体、形态、形状、表象等，它是天然物体或人工制造而成的一种审美形态。这是站在视觉角度的一种认识，"形象"还可以存在于语言、思维和想象中。我们讨论的"人的形象"往往是指社会个体在自身存在及其对社会环境、自然事物和社会生活中的人所作的种种反映及表现的综合体。它不仅反映了人的气质、风貌等外在形象，还体现了人的理想形象的完整性。每个人在社会生活中都具有一定的表现，或者是社会、群体、个体所认同、接受和欢迎的，或者是反对的，或者是认同和反对兼有的。但是，在学术研究领域，"人的形象"是一个不太常用的概念，因为它太宽泛。确实，人的形象研究既可以是认识研究，也可以是价值研究。在当今学科分类越来越细密的趋势和背景下，把它作为核心概念看待，常常容易被误解为问题意识不强或研究对象不明。

尽管如此，"人的形象"还是很多学科关注的对象，只不过不同学科对"人的形象"有不同的认识而已。在文学上，"人的形象"往往被理解为典型人物，它是个性化和概括化的有机统一，蕴含着一定的思想意义和艺术感染力。在教育学上，"人的形象"既是教育现实的前提和出发点，又是教育理想的载体和教育价值取向的集中体现，同时也是课程实施尤其是教科书编制必须思考和解决的问题。我国古代的荀子说"人之性恶，其善者伪也"，"伪"即人为之意，强调了教育"化性而起伪"的作用。卢梭在其《爱弥儿》的开篇也提出，"出自造物者之手的东西，都是好的，而一到了人的手里，就全变坏了"。但他仍然把"人的教育""自然的教育""事物的教育"三者相提并论，强调三者完美、圆满的配合。

国外关于教科书中"人的形象"的研究主要集中在历史事实中的人物，如美国学者詹姆斯·洛温《老师的谎言——美国历史教科书中的错误》（马万利译，刘北成校，中央编译出版社2009年12月版）列举了美国历史教科书中对历史人物克里斯托弗·哥伦布、约翰·布朗、亚伯拉罕·林肯等在历史事实中的行为表现介绍存在的偏颇和不实之处。国内关于"人的形象"的研究主要集中在文学领域，有的从形象叙述的语言问题着眼，如王一川的《汉语形象与现代性情结》；有的从跨文化交际着眼，如孟华等的《中国文学中的西方人形象》；有的从人物形象分析入手，如李希凡的《论中国古典小说的艺术形象》、聂石樵的《古代文学中人物形象论稿》；有的则从人物形象理论入手，如蒋孔阳的《形象与典型》、陈伟的《中国艺术形象发展史纲》。在教育学领域，对"人的形象"的研究主要从哲学基础和教育基本理论入手，把"人的形象"的研究作为探讨教育本质和教育理论和实践起点的基础和前提，如夏正江的《教育理论哲学基础的反思——关于"人"的问题》，岳伟的《批判与重构——人的形象重塑及其教育意义探索》。也有从课程社会学的角度，研究教科书中"人的形象"选取的社会意义和教育价值的，如史静寰的《走进教材与教学的性别世界》，傅建明的《内地香港小学语文教科书价值取向比较研究》等。这些研究虽然涉及语文教科书中"人的形象"，但侧重点在于分析、比较和评价形象选取的价值意义。本研究中"人的形象"是跨学科研究，从文学创作的角度来说，课文中"人的形象"，不管是名人、凡人，或是虚拟人物，都是借助语言手段（主要为书面语言）塑造的典型。恩格斯曾提出，作家应该塑造"典型环境中的典型人物"，教材中典型人物的文学感染力是影响儿童行为方式的重要因素，揭示其文学感染力是本研究的特色之一。比如，同是司马光砸缸的形象，由于不同版本的措辞不同，有的呈现出司马光镇静而智慧的形象，有的则呈现出司马光救急而蛮鲁的形象，虽然结果都是司马光砸碎缸救了同伴，但对儿童的教育意义却不一样。因此，本研究力求结合文艺学、比较文学以及课程教学理论，揭示自清末以来我国教科书中"人的形象"的塑造及其呈现，对于推动教育发展的状况和历程，同时为教科书编制者和教师提供认识形象的新视角、新思路和新方法。

根据"人的形象"研究的内容侧重点不同，可以把对"人的形象"的现有研究分为两种类别：一种是关于人的形象本身的思辨研究，这种研究着眼于回答：什么是人的形象，人的形象有哪些特性，等等；另外一种是关于人的"形象研究"，这种研究主要解决的问题是：人的形象是怎样的？历史上出现过哪几种人的形象？后一类研究中的问题"人的形象是怎样的"，在不同的哲学体系有不同的认识和回答，"历史上出现过哪几种人的形象"也只是后人对前人关于人的形象认识的概括、总结和分类而已，而"对教育有什么样的影响"实质上揭示的是社会文化对教育的影响问题。华中师范大学道德教育研究所岳伟教授在其著作《批判与重构——人的形象重塑及其教育意义探索》分析了一些教育学研究成果的基础上认为，教育学科对人的形象的研究主要有三种取向：第一种取向是着眼于人自身，力图从"人是什么"这一问题的答案中寻找满意的"人的形象"，再用这种"人的形象"来反思教育的历史，关照教育的现世，筹划教育的未来。第二种取向是着眼于人的现实生活，根据时代的需要勾画出人的形象，再用这种形象去指引教育的发展。第三种是理论和现实相互关照的研究取向，这种取向的研究是先根据教育现状来反思人的形象，修正人的形象，再用重塑了的人的形象来指导教育，从而在理论和实践的互动中使人的形象更加符合人自身。[1]

这三种取向在清末以来的小学语文教材所呈现和提供的"人的形象"中不同程度地存在，因为教材既是研究成果的体现，也是研究的对象内容。为此，基于小学语文教材的视角研究人的形象，其侧重点既不是第一类，也不是第二类，它着眼于从教育思考和教育实践角度去研究人的形象塑造及其可能带来的教育影响问题。在现实生活中，个人形象的好坏是与个人在社会生活中的表现相辅相成的。好的表现可以塑造好的形象，成为学习的楷模，流芳百世；坏的表现也可以塑造坏的形象，成为反面典型，被人们唾骂，遗臭万年。同时，"好"和"坏"的判定标准也是随着时代的发展而有所变化的。教科书呈现了各种各样"人的形象"，隐含了对教育的理想追求，这些形象既是教材编制者根据社会和时代的需要去选取和塑造的，同时也是引导学生在形象比较中树立自我形象的依托。教材内容呈现的关于人的活动及其结果，本质上就是人类自身的一种再生产活动或人类的自我建构性活动，它对于人的认识和建构既是以人类的自我认识为依据，又是以人类的自我认识为目标。

---

[1] 岳伟.批判与重构——人的形象重塑及其教育意义探索[M].武汉:华中师范大学出版社，2009:16.

二、教育与"人的形象"研究

"人的形象"是人对自身的认识所形成和呈现的图景，隐含着对人性、人的本质、人的思维方式和生存境遇的认识和写照。它既可以是个体形象，也可以是社会形象。个体形象融注了人怎样才能获得幸福的认识，往往是个体对人际关系认识的集中体现。社会形象则寄寓了对具有良好公众影响力形象的期望。前者可称为个性形象，是按照其自身的人生观在生活，后者可称为榜样形象，代表社会正面价值的形象。不过，两者很难明确区分，富有感染力的榜样往往个性鲜明，而不是概念化、模式化的纯粹符号形象。

教育的世界是人的世界，教育活动是一种人为和为人的社会实践活动，没有对人的正确认识也就无法开展正确的教育活动，也就无法预测未来的教育会走向何方。人类历史上为什么会出现形态各异的教育，都与对"人的形象"的不同认识有关。只有对人的属性、人的秘密有所了解之后，人们才能明白才能懂得现代的教育和过去的教育有何差别。学者夏正江在其《教育理论哲学基础的反思——关于"人"的问题》的著作中，从人的善性与恶性、自然人与文化人、自主的人与受动的人、理性的人与非理性的人，以及人的世俗性与宗教性、人的恒常性与可变性等六对范畴的分析中去探讨人是什么的问题[2]。学者石中英在其《重塑教育知识中"人的形象"》一文中，则探讨了教育知识传统中四种主要的"人的形象"——"宗教人""自然人""理性人""社会人"，并概述了它们的形成、发展过程及主要特征，同时在分析和批判它们对于不同历史时期教育知识和教育实践所产生的影响和不足的基础上，还提出重塑教育知识中"人的形象"的问题，认为"比起'宗教人''自然人''理性人''社会人'

---

[2] 夏正江.教育理论哲学基础的反思——关于"人"的问题[M].上海：上海教育出版社，2001.

来说，人更像是'游戏人''文化人''制造人'或'劳动人'"，希望通过介绍和分析"游戏人""文化人"和"制造人"的形象，推动21世纪中国教育理论研究和教育实践的人性论基础的重构[3]。陶青博士在其《教育新解："人之形象"与教育目的——论教育目的的"直观性"》一文中，从构建起直观化的、理想的受教育者形象以指导实践的角度出发，认为人有三种基本形象：第一种是从人区别于动物的角度建立起来的"群体人"形象，这是人类学意义上的人；第二种是从个体区别于群体的角度建立起来的"个体人"形象，这是社会学意义上的人；第三种是将个人与个人区别开来的"个性人"形象，这是教育学意义上的人。所以，理想的人之形象的讨论应该在这三大领域之中展开[4]。

教育是一种设计和追求让受教育者成为理想的人的活动。这种活动旨在营造一种塑造理想的人的形象的氛围以及让这种形象成为时代社会主流价值观和社会秩序的基础而影响每一个社会成员。古希腊的柏拉图从理念论出发，认为教育的最高目的在于培养"哲学王"。在他看来，哲学王应该是"集智慧、勇敢、节制等美德于一身"的典型形象。

我国先秦时代的孔子从仁爱观念出发，主张教育目的在于培养"君子"。"君子"原是上流社会人士的称谓，孔子把它发展成为具有高尚道德的人。孔子多次将君子与小人对照而言，诸如"君子坦荡荡，小人常戚戚""君子周而不比，小人比而不周""君子喻于义，小人喻于利""君子怀德，小人怀土；君子怀刑，小人怀惠""君子和而不同，小人同而不和""君子泰而不骄，小人骄而不泰"，等等。其实孔子列举的君子与小人的言行对照，其根源在于两点：一是"君子喻于义，小人喻于利"，即君子总是追求道义，而小人总是追求功利；二是"君子求诸己，小人

[3] 石中英. 重塑教育知识中"人的形象"[J]. 教育研究,2002(6):12-18.

[4] 陶青.教育新解："人之形象"与教育目的——论教育目的的"直观性"[J].教育理论与实践,2010(7):7-10.

求诸人"，即君子总是要求自己，而小人总是要求别人。总之，孔子强调君子在修养内容上应将道德标准置于首位，在修养方法上则首先是严于律己。

孟子则把仁爱观发展为人先天所固有的，人之所以不同于禽兽的善性，也就是人天生具有的"善端"。他说："恻隐之心，仁之端也；羞恶之心，义之端也；辞让之心，礼之端也；是非之心，智之端也。"人之贤愚，还取决于对这种先天的善端能否存而养之，扩而充之。如果自暴自弃，或者受到不良的社会环境、教育的影响，就会失掉这种善端，这就是他所说的"陷溺其心"。从这个意义上说，教育的作用就在于保存和发扬天赋的善端，找回散失的善的本性，因此他说"学问之道无他，求其放心而已矣"。所谓"放心"，指的就是人在后天所迷失了的善端，做一个有同情心、正义感、礼让态度和道德判断能力的人。同孔子一样，孟子也主张以德为主，德才兼备，主张教育在于培养"君子"、"圣贤"及"大丈夫"，他有一句名言："富贵不能淫，贫贱不能移，威武不能屈，此之谓大丈夫"。把先天的善端充分发挥，达到最完善的境界，所谓"人皆可以为尧舜"。

荀子则认为"人之性恶，其善者伪也"。"伪"指人为，泛指后天一切人为的努力都是在使本性发生变化。人性本恶，任何人的道德观念，都不是本性所固有的，而是"积伪"的结果，其过程就是由"性"向"伪"的转化，"长迁而不反其初谓之化"，最终达到与恶的本性彻底决裂，永远不再走回头路的目的。为此，荀子主张教育的作用在于"化性起伪"。他在《劝学》篇中明确地提出了教育的目的与内容："学恶乎始，恶乎终？曰：其数则始乎诵经，终乎读礼；其义则始乎为士，终乎为圣人。"

道家则从崇尚自然、追求个人精神解脱的角度出发，主张培养"真人""至人"，即一种无己、无功、无名、无情的完全自由的人。老子认为："道恒无为，而无不为"。"道"不依赖人们的主观意识，有自身运作规律，所以称"自然无为"。"无为"的反面是"人为"，而儒家的教育主要是"人为"活动。为此，老子主张"复归于婴儿""复归于朴"，反对一切道德、智慧、文化对道法自然的影响。他说："大道废，有仁义。智慧出，有大伪。六亲不和，有孝慈。国家昏乱，有忠臣。"庄子也说"绝圣弃知，大盗乃止；……塞瞽旷之耳，而天下人含其聪矣；灭文章、散五采，胶离朱之目，而天下始人含其明矣。"庄子也说："绝圣弃知，民利百倍。"其实道家并非根本不要教育和智慧，而是反对过多的人为说教、干预和引导，主张"处无为之事，行不言之教"，隐含尊重人的自然发展的哲理。庄子也主张教循自然，他说："知天之所为，知人之所为者，至矣。知天之所为者，天而生也；知人之所为者，以其知之所知，以养其知之所不知。"

墨家主张教育要培养"兼士"。作为兼士，必须具备三个条件："厚乎德行，辩乎言谈，博乎道术"，即道德的要求、思维论辩的要求和知识技能的要求。墨家讲的德行的基本要求就是"兼爱"，能够毫无区别地爱一切人，奉行的宗旨在于造福全社会。墨家的社会政治理想是"兴天下之利，除天下之害"，知识技能的要求是为了使兼士们有兴利除害的实际能力，为此，墨家重视自然科学、生产技能、军事知识等技能的训练。同时主张通过"有力者疾以助人，有财者勉以分人，有道者劝以教人"，"天下匹夫徒步之士少知义，而教天下以义者，功亦多"。因此，可以通过教育使天下人"知义"，从而实现社会的完善，建设一个民众平等、互助"兼爱"的社会。为此，墨家重视论辩能力的训练，以便更有效地进行游说，推行自己的社会政治主张。墨子通过对大量实际问题的论证，提炼出了各种思维的逻辑方法，同时又将这些逻辑方法应用于各种实际问题的分析、论证、推理中。比如，墨子提出"察类明故"的原则，强调运用类比。墨子还提出判断言谈是否正确的三条标准，即著名的"三表法"："上本之于古者圣王之事""下原察百姓耳目之实""观其中国家百姓人民之利"。总之，思维论辩的要求正是为了"上说下教"，向社会推行"兼爱"主张。

到近现代,教育塑造理想的"人的形象"的本质还是一脉相承。英国教育家洛克认为理想的"人的形象"应该是"绅士";自然主义教育思想的代表卢梭认为"自然人"的形象是最理想的人之形象;英国哲学家斯宾塞则认为,真正的教育应该培养"能够完满生活的人",包括直接保全自己,抚养教育子女,闲暇时间满足爱好和情感等活动。尽管不同的时代有不同的理想的"人的形象",不同的教育思想家也有不同的"人的形象"的设计。但是到当代,越来越多的人意识到,理想中的"人的形象"或教育思想家提出的某种理念纯粹的人,在现实中都是不存在的,于是更多的教育思想家和实践家开始转向思考和追求现实中受过良好教育的"人的形象"。这种"人的形象",不但与人类的自我意识和社会时代的变革密切结合在一起,而且与具体的人的生活平台和生活环境也密切联系在一起。

三、语文教材中"人的形象"研究

苏联教育家苏霍姆林斯基非常认同卢那察尔斯基的名言"有教养的人,是人的形象占统治地位的人",认为一个人的教养,不仅是他的知识,而且是他这个人多方面的总形象。语文教科书提供了众多不同时代的人的形象作为教育载体来影响学生。为了使教科书中"人的形象"能够被尽可能多的人所景仰,教科书塑造"人的形象"时往往是站在积极的、正面的视角,尽量以尊敬和荣耀的方式塑造"人的形象"而不带任何瑕疵,呈现了一系列完美的高大全人物,以此作为引导儿童接受熏陶感染和鼓舞激励的教育素材。

(一)小学语文教材中"人的形象"研究的价值

目前国内针对语文教科书中"人的形象"的研究主要停留在完美的"人的形象"的单一文本解读上。一些人坚持认为,教育并不需要复杂的人，保持没有冲突的单向度的偶像才有励志价值。其实，在人的形象塑造中，任何完美化、纯粹化、英雄化的结果，都将会把人从生动的男人和女人变成僵化的木偶，导致对学生存在潜在的伤害和消极的影响，让学生陷入无法找到可作为激励模范的现实角色的迷茫之中。马克思曾经指出，人的本质不是单个人所固有的抽象物，在其现实性上，它是一切社会关系的总和。"人的形象"正是不同时代各种社会关系的交错点，是个体健康成长的稳定器和指南针。

教育是有目的地影响人的一种社会活动。教育对人的作用，是引导人过上幸福、有尊严的生活。每一社会个体对这种生活中的自我形象都有自己独特的认识和理解，这就必须引导儿童在认识社会历史的变迁中去寻找真正的自我形象，在众多形象的比较、权衡中去把握，树立适应各自生活的真正自我形象。为此，尝试为儿童提供寻找适合自身形象的成长和发展的平台和条件，力求将小学语文教材中"人的形象"的选择和呈现置于社会政治、经济、文化的背景中来考察分析，有助于推动教育理论工作者和教育实践工作者勾勒和塑造出各种建立在某种观念性知识之上的"人的形象"，探索教材编制者与教材使用者、学习者和社会各界之间在"人的形象"的认识及其产生的原因，从而推进教育的改革和发展。

为此，本书选取小学语文教科书中"人的形象"为切入点，力求探寻教科书中活生生的、能被用作某种模范的、能对我们这个世界具有特别意义的行为人的种种表现，为儿童提供效仿的对象。其理论和应用价值体现在：

1. 课程的具体体现是各式各样的教材，教材中人物形象的选取、呈现是一个综合性、系统性工程。当前语文教材对"人的形象"选取和呈现关注不够，致使存在不良暗示的倾向，必须引起教材编制者和使用者的重视。本书从形象叙述学理论角度深入探讨课文文本意义上和原型意义上"人的形象"的选取、呈现及其隐含的可能意义，力求给教材编制者和使用者提供新的思路和视角。

2. 厘清对小学语文教材的模糊认识。语文教科书中"人的形象"，在一定程度上反映了时代生活特色、政治状况和社会主流价值取向。从教育影响角度来说，教材中"人的形象"承载着丰富的精神内容和社会价值信仰，本书力争系统解释"形象"的创造性生成过程与"形象"的文本呈现方式，揭示中小学语文教材中"人的形象"的特点及其蕴含的文化价值和社会意义。近年来，语文教材受到社会各界的广泛关注，媒体不时出现有关语文教材的各种议论和批评，诸如"民国时期国语教材受家长学者追捧引热议"，革命英雄故事以及鲁迅、朱自清作品被删除的报道，还有炒作诸如"小学语文教科书有毒"等观点，甚至有民间团体推出专著《救救孩子：小学语文教材批判》[5]。这些言论从一个侧面反映了教材对社会的辐射作用，实际上都牵涉人的形象问题，有必要从教育价值和意义角度全面认识教科书文化，厘清模糊和偏于一隅的认识。

3. 为构建和形成社会主义核心价值体系服务。《瞭望》周刊记者聂晓阳2009年曾作过调查，这项调查显示大多数人记忆中最难忘的课文是小学时代的课文，这些最早进入孩子幼小心灵的文字，成为很多人心中最值得珍藏的财富。自清末以来，在我国追求现代化的一百多年历程中，小学语文教材提供了大量的人物作为榜样形象，体现了不同时代对人的现代化的追求。有些是同一个主题，在不同时代选择不同的人，如诚实主题，在清末，选择的是古籍中的人物如魏文侯、司马光，在民国时期选择的人物是孙中山、蒋介石，在中华人民共和国成立以后选择的是毛泽东、列宁。有些是同一个人物（包括虚拟人物），在不同时代给予不同的塑造，如瓦特，课文《狮子和鹿》中的鹿，《骆驼和羊》中的羊等。认识和分析这些人物形象所传递的价值和意义，有助于推动社会主义核心

---

[5] 郭初阳，等.救救孩子：小学语文教材批判[M].武汉：长江文艺出版社，2010.

价值体系对儿童潜移默化的影响。中华人民共和国成立之初，在民族的、科学的、大众的文化教育政策背景下，中小学语文教材为构建社会主义核心价值体系提供了大量的榜样形象，潜移默化地影响着儿童成长，认识和分析这些形象所传递的主流价值有助于推动课程改革和实施。

4. 为全面认识教材中的"人物形象"服务。教材中"人的形象"主要是指借助课文文本形式（包括相关插图等）呈现出来的，以实现某种教育目的的人物形象。正如古人所言"书不尽言，言不尽意，故立象以传意"。立德树人的教育追求很大程度上依赖于语文教科书中"人的形象"的树立，它借助一系列融入了社会主流价值取向的"人的形象"的选择、加工和呈现去实现，为教育提供众多真实的、有感染力的"人的形象"。通过考察我国现代化进程中的重要时期以及改革开放中社会各界对教材中人物形象的认识和反应，借以诠释我国现代化进程中社会现代化和人的现代化历程。2010 年 3 月《小康》杂志推出一篇题为"那些文学作品故事背后的历史真相"的文章，披露了小学课文"草原英雄小姐妹"和"半夜鸡叫"的故事真相，引起众多媒体的转载。其实，语文教材中的每一篇课文，既可以看作文学作品，也可以看作历史史料，其背后隐藏着社会现代化历程中的特定阶段各种阶层人士的各种愿望和反映。

（二）小学语文教材中"人的形象"研究的内容

语文教材是反映社会的一扇窗口，是我国社会发展过程和时代特色的一个缩影，一定时代的社会状况和社会价值观念可以从语文教材中"人物形象"的选择、呈现和人们的认识中得到体现。

首先，笔者收集和整理清末以来一百多年的小学语文教材，确立小学语文教材的发展阶段；并以此去收集、整理清末以来的重要文献资料，以及与教材建设有关的法令法规、教材出版情况，在此基础上将其置于历史时空中进行分阶段、分类型统计和研究，力求全面认识和比较分析不同阶段小学语文教材中"人的形象"及其呈现方式。其中的教科书主要是指我国大陆地区通用的各种汉语文教科书，不含我国香港、澳门、台湾地区的教科书。

其次，统计分析不同时期语文教材中人的形象，既包括真实的人物形象如瓦特、童第周等，也包括虚构的文学形象，分析其称呼设置、身份角色等在不同时代的塑造和呈现特征，力求将小学语文教材中"人的形象"的选择和呈现置于社会政治、经济、文化的背景中来考察分析，采取整体研究与个案分析相结合的研究路径，确立专题进行研究，收集教育界乃至社会各界对教材中"人的形象"的各种认识和理解，挖掘教材中榜样人物的原型，借以揭示时代主流价值与教育特色。同时，比较不同历史时期同一形象或同一主题的人物言行塑造，分析时代的政治、经济、文化对小学语文教材中"人的形象"的影响，以及对不同主题包括平等、友爱、诚实等社会关系方面的主题以及父母亲、学生、领袖、杰出人物等身份角色方面的主题呈现方式，展示"人的形象"的社会影响，加强教材中主题相关或同一的"人的形象"的纵向和横向研究，以此来揭示教材中教育价值诉求呈现的多样性和差异性。总之，不论是小学语文教材中同时代的"人的形象"，还是不同时代的"人的形象"，也不管是同一主题的"人的形象"，还是不同主题的"人的形象"，都力求分析揭示其从选取、呈现到阐释、理解背后的教育认识和价值取向，诠释小学语文教材中人物形象的多方面意义，探索教材编制者与教材使用者、学习者之间在"人的形象"上的认识差异及其原因，并追溯人物形象背后隐藏的社会观念、民族心理及其对人的现代化的影响。为此，本书拟把"人的形象"塑造置于社会、家庭和学校这三个场域来进行探讨，重点分析教材中呈现的儿童形象、自立形象、榜样形象、智慧形象和职业形象，力求通过对这些教科书中出现的"人的形象"开展研究，为课程改革中语文教材的编制和使用提供经验和启示。

第二章 小学语文教材中儿童形象的选取与塑造

儿童，《教育学大辞典》定义为："身心均未成熟的个体，身心发展阶段按年龄划分为以下几个阶段：从出生到一岁为乳儿期，一岁至三岁为先学期或婴儿期，三岁到六七岁为学前期或幼儿期，六七岁至十一二岁为学龄初期或小学儿童期，十一二岁至十四五岁为学龄中期或少年期，十四五岁至十七岁为学龄晚期或青年初期，儿童通常是指少年期之前"。联合国 1989 年 11 月 20 日大会通过的国际《儿童权利公约》则把儿童界定为 18 岁以下的任何人。这一国际公约经我国第七届全国人民代表大会常务委员会批准，于 1992 年 4 月 1 日开始在我国正式生效。《中华人民共和国未成年儿童保护法》也是把儿童界定为"18 岁"以下的任何人。为了便于辨别和统计分析，本书按照这一规定，将儿童界定为 18 岁以下的人。至于对形象的理解，从字面上看，就是有形，有象。《广雅•释诂三》："形，犹见也。象，效也"。把"形"字解释为"见"，把"象"理解为模仿外物形状。由此可见，形象是指可以看到、可以感受到的对象，这里主要是指通过语言文字创造出来的能引起人们的思想或感情活动的具体形态或生活图景。

一、小学语文教材中儿童形象选取的演变

我国传统蒙学教材主要围绕以儒家仁爱和孝道为核心的传统道德进行选取和塑造儿童形象，主要概述名人小时候的事迹，叙述时往往会以

年龄或"儿时""少时"等字眼来标示人物的儿童身份，诸如《三字经》中"融四岁，能让梨""香九龄，能温席"之类。

（一）清末最新国文教科书的儿童形象

1904年由商务印书馆编辑出版的最新国文教科书，延续了主要选取历史名人小时候事迹的做法，同时也是基于成人视角的叙述和说理教育来呈现名人小时候的事迹，如第5册第50课《孟母》：

孟子少时读书，其母方织，孟子辍然中止。母引刀裂其织，诫之曰，汝之废学，犹断斯织也。自是之后，孟子乃勤学。

又如第3册第10课《萧遥欣》：

萧遥欣，年七岁。出游时，见一小儿，善弹飞鸟，应弦坠落。遥欣曰，鸟飞空中，无害于人。游戏之事，亦多端矣，何必多残生命以为乐也。小儿感其言，遂不复弹。

类似这些名人儿时的形象，小学语文教科书还选取了黄香暖席，孔融礼让，孟子勤学，徐湛之爱弟，王览爱兄，赵至体恤父亲劳苦，张元不取邻家杏，贾易节俭，宗悫拒盗，王戎不怕虎，文彦博树穴取球，司马光砸缸救人，司马光戒诳语，匡衡好学，孙亮辨伪，曹冲称象，华盛顿砍樱桃树，等等。通过呈现这些历史名人孝亲敬老、友爱兄弟、乐善好施的行为，或刻画他们勇武镇定、诚实智慧的品质，塑造了许多在待人、接物、处事等方面的历史名人形象，给儿童的人生成长过程提供丰富多样的借鉴。

另一方面，清末最新国文教科书还塑造了基于生活经验的非名人的儿童形象，这些儿童形象主要以"生""儿"等字眼标示，诸如"费生、洪生、于生、俞儿、欧生、苏生、戴儿、鲍氏子"等，事件基本上是围绕生活常识和价值观教育而展开，如下是这套教科书第3册的4篇课文。

《多食之害》：廖儿非时索食，母不许，曰：一日三餐，皆有定时，足以充饥，若恣口腹之欲，饮啖无节，则胃中多积滞，非养身之道也。

《不洁之害》：吕生蓬首垢面，衣服污秽，书籍器具，杂陈几上，室中唾液满地，尘埃堆积，不事洒扫，其师责之。吕生曰：我志在读书，无暇及此。师曰：卫生之道，清洁为主，若以读书而伤生，非所宜也。

《卫生》：朱生有疾，张生视之，至卧室，甫掀帘，秽气触鼻。张生曰：居室不洁，非所以卫生也，每晨，扫庭户以去尘垢，开窗牖以通空气，则疾病自少。朱生从之，疾渐愈。

《妆饰》：周氏之女，好妆饰，不事女工，母诲之曰：人生于世，无论男女，皆贵自立。今裁缝纺织，汝皆不能，是无用之人也。虽衣服丽，多妆饰炫耀，有识者且轻汝矣！

值得提出的这册教科书的课文《鲍氏子》，展现了鲍氏子的论辩智慧，隐含众生平等的思想。其故事为：

齐田氏，大会宾客于庭。中坐，有献鱼雁者。田氏视之，叹曰，天之于人厚矣。殖五谷，生鱼鸟，以为人用。众客和之如响。鲍氏之子，年十二。与于宴。趋进言曰，万物与我并生，类也。类无贵贱，徒以智之大小，力之强弱，迭相制而已。人取其可食者食之，非天本为人而生之也。且蚊蚋噆肤，虎狼食肉，岂天本为蚊蚋生人，虎狼生肉者哉？

（二）民国时期国文和国语教科书的儿童形象

民国初期的《共和国教科书新国文》不管对名人的儿童形象，还是对非名人的儿童形象，都重视寄寓传统道德教育的内容，以达到"注重表彰中华固有之国粹特色，以启发国民之爱国心"的要求。在编辑者看来，尽管民国已经是共和政体，但传统道德仍然有其存在的合理性，比如忠的观念，看似与共和观念格格不入，应归淘汰，实则忠之观念不专指忠君，对于职业和国家一样需要，又如俭朴清廉，看似容易导致自满自足之心，有碍生计实利之发达，但它可以约束奢侈靡风。为此这套教科书选取和塑造了许多宣扬爱亲敬老友爱的儿童形象，如《爱亲》《亲恩》《事亲》《孝亲》《敬客》《陪客》《路遇先生》等。下面是《爱弟》等3篇课文的具体内容。

《爱弟》：丁生有弟，甚爱之，一日，弟疾，卧床不能起。丁生暇时，辄坐床前。为弟讲故事，唱歌曲，以解其闷。及疾愈，始已。

《孝亲》：朱儿事亲孝，每得食物，必以奉母。一日，至姑家，姑给以果饵。儿不食，姑问故。对曰：将携归奉母也。

《陪客》：钮儿在家，有客访其父。父适他往，儿邀客入，请客上坐。己在下位陪之，客有问，则谨答之。客去，儿送至门外。及父归，以客所言，告之于父。

类似的课文还有《姐妹》：

姐妹两人，相亲爱，食必同案，游必偕行，一日，姐病在帐中，倚枕而坐，郁郁不乐。妹忧之，欲悦其心。忽忆园梅初开，遂请于母，折一枝，插瓶中，送至卧室。姐见之，赏玩不已，乃悦。

传统道德重视调适人际关系的内容。在民国新文化运动中，这些道德内容往往被认为遏制和阻碍了学生的个性发展，属于应该被打倒和推翻之列。新文化运动的主将陈独秀在其《敬告青年》一文中就指责传统道德"无一不与社会现实生活背道而驰。倘不改弦而更张之，则国力莫由昭苏，社会永无宁日"。[6] 因此，20世纪20年代新学制以后的小学语文教材，很少涉及诸如亲情之爱、人伦关系的道理和为人处世的准则等传统道德文化的内容。偶尔有一些宣扬这些内容的儿童形象，也都当成滑稽事件来叙述，以下为新学制以后世界书局出版的教材中的2篇课文：

弟弟做老鼠，哥哥做小猫，哥哥叫，弟弟逃。（世界书局上册14课）

白公鸡找到一摊米，黑公鸡走来抢，白公鸡不许他吃。大家竖起了

---

[6] 中国社会科学院近代史研究所．五四运动文选 [M].北京：生活·读书·新知三联书店，1979:6.

尾巴，伸长了颈子，你啄我，我啄你，争斗了好久，还不肯停止。鸭子瞧见了，急忙走来劝他们说："公鸡公鸡，你们是兄弟，大家要和好，不应该斗气。"（世界书局上册150课[7]）

20世纪30年代，尤其是日本入侵东三省之后，伴随形势的变化，教育部1936年重新颁布的《小学课程标准总纲》提出了"培养儿童民族意识""养成爱护国家复兴民族的意志与信念"的要求，因此，教科书在塑造儿童形象时增加了培养民族意识和民族自豪感的内容。如商务印书馆的复兴国语教科书第8册中的《中国人的发明》（四年级）

四个小朋友，坐在茅亭里谈天。道初说："欧美人真聪明，出了不少的科学家，发明了不少的事物；中国人却一个都没有。"士桓说："不！难道中国没有科学家吗？中国人难道不会发明吗？"文生拍拍手说："对呀，中国人的发明也不少呢！最早发明的东西，可说是丝。丝的发明已经是两三千年以前的事了，因为离开现在太久，所以怎样发明，由谁发明，都不很明白。相传发明的人，是黄帝的元妃嫘祖。世界上的女发明家，要算嫘祖是第一个。直到现在，养蚕缫丝的事，还是女子做着。"孟民接着说："中国还有一种发明，也是很早，就是茶。茶原是从一种树上采下来的叶子，经过人工的制造，把它泡了喝，变成一种很好的饮料。茶的发明，在中国也有三千多年了，但是在三百年前，外国人还没有看见过茶叶，还不知道茶是什么东西。"道初疑惑地说："照这样说起来，欧美人的穿丝喝茶都是由中国传过去的吗？"士桓回答说："可不是！丝是在两千年前由中国传到罗马，再从罗马传到别的地方去。过了一千多年以后，外国人才会养蚕。到现在，意大利、法兰西、日本所出的丝，也很多，而且很好。茶是在两百年前外国人到中国来带回去的。"孟民很感叹地说："中国过去的历史，真是光荣啊！"文生点点头说："是的，中国人还发明了三件极有用的东西，在世界文化上极有价值，就是活字印刷、火药、指南针。

---

[7] 商务上册指庄俞等编写的《商务国语教科书》上册，世界上册指魏冰心等编的《世界书局国语读本》上册，均由上海科学技术文献出版社2005年影印出版。

我们生在现世，应该努力发扬中国的文化，恢复过去的光荣。"大家谈了很久，兴尽而散，各人脸上都带着一种很兴奋的神情。

（三）中华人民共和国成立后语文教科书的儿童形象

中华人民共和国成立之初，把国文和国语统称为语文。语文教科书中儿童形象既有名人小时候的形象以及小英雄形象，也有体现优良品质的非名人的普通儿童形象。值得一提的是名人小时候的形象，无论是在传统蒙学教材，还是在现代新式学堂教材中，都是必选形象。从孔融、司马光、曹冲到革命领袖、革命英雄以及科学家、工程师、艺术家等，基本上是通过刻画名人小时候的不凡和超人之处来树立、传递名人形象。其基本模式是名人称呼之后加上"幼时""少时""小时候"等字眼，然后具体描述环境和事件，

《司马光》：司马光幼时，与群儿戏于庭前。

《中山先生和老兵士》：孙中山先生在幼年时代很爱听人家讲故事，他的朋友中间有一个老年的兵士……常把当时革命的情形讲给他听。

《华盛顿》：华盛顿七岁时，游园中。

《达尔文》：英国人达尔文小时候在学校里读书，成绩并不好，先生和父亲都认为他是个平常的孩子。

《这个办法好》：毛泽东七岁的时候，常和小伙伴们到山上放牛，砍柴，捡果子。

《"神童"的秘诀》：陈毅五岁半，就在一家私塾读书。他的学习成绩总是名列前茅，同学们都称他"小神童"。

《爱迪生救妈妈》：爱迪生是一位伟大的发明家，他从小就爱动脑筋，常常想出一些好主意。有一次，他靠自己的聪明救了妈妈的命。那一年，爱迪生刚满七岁。

《爱迪生》：爱迪生是世界闻名的发明家。他是美国人，小时候因为家里穷，只上过三个月的学，十一二岁就开始卖报。

《做风车的故事》：三百多年前，英国有位大科学家叫牛顿。牛顿生在一个农民的家庭里。他在小学念书的时候，特别喜欢做手工。

《奇怪的石头》：李四光是我国著名的地质学家。小时候，他喜欢和小伙伴一起玩捉迷藏的游戏。每次他都爱藏在一块大石头的后面。

《不懂就要问》：孙中山小时候在私塾读书。那时候上课，先生念，学生跟着念，咿咿呀呀，像唱歌一样。

在众多塑造名人小时候的形象中，《我不能失信》跳出这种模式塑造了宋庆龄的儿时形象，相对能拉近与儿童的心理距离。其开头是这样描述的：

一个星期天，宋耀如一家用过早餐，准备到一位朋友家去。二女儿宋庆龄显得特别高兴。她早就盼着到这位伯伯家去了。

至于普通儿童形象，教科书赋予这些儿童姓名的比较少，或有名无姓，如月红、翠贞。或成人视角的称呼，诸如"小孩子、小女孩、小男孩、小张、小鬼、小苇、小红军、小英、小珍、三胖、二福、小柱子、小姑娘、阿玲"等，或采用重叠词，比如"萍萍、滔滔、聪聪、川川、磊磊"等。也有很多是以"我"来作为儿童形象的称呼，但大部分用"我"作为儿童形象出现时，"我"只是旁观者、叙述者，借助"我"的视角塑造他人。《中彩那天》借助"我"的视角写出了父亲不欺心，在可以占有中彩汽车的条件下选择放弃；《第六颗钻石》借助"我"的视角，感受到了失业者的心地善良，宣扬了"人大多是心地善良的"；《难忘的八个字》借助"我"这个残疾儿童的感受，揭示了伦纳德夫人的仁爱之心；《杏儿熟了》"我"告诉他人，奶奶是一个宽容而热情的人，对偷杏子的人不但不责备，还主动敲下成熟的杏子热情地让邻居们尝鲜；《钓鱼的启示》写爸爸遵守规则，使"我"从中获得了道德实践的勇气和力量；《父亲的菜园》通过"我"感受到父亲热爱劳动，经营菜园的艰辛和乐趣。

二、小学语文教材中的儿童形象与修身教育

儿童的可塑性大，模仿性强，容易接受正面教育，也容易受到来自社会的各种不良思想的影响。小学语文教材提供的儿童形象对塑造学生的品行起着奠基和导向作用。因此，陶冶品质的修身教育对儿童的成长影响就显得特别重要。南宋理学家朱熹对修身之要概括为"言忠信，行笃敬，惩忿窒欲，迁善改过"，这些言行情感态度方面的要求对当今的儿童品行教育仍有借鉴意义。有学者统计了人民教育出版社出版的义务教育课程标准实验教科书12册讲读课文中的儿童人物形象177个，根据课文内容中对儿童精神品质的描绘与体现，按照有关自然的儿童道德形象、有关自身的道德形象、有关他人的道德形象、有关集体的道德形象等四种道德类型对儿童形象进行归类统计，结果如表2-1所示。[8]

表2-1　义务教育课程标准实验教科书12册讲读课文中的

儿童道德类型分类

道德类型	比例/%						总计/%
有关自然	热爱生活 12.43	热爱自然 10.73	热爱生命 9.04	热爱科学 9.04			41.24
有关自身	机智勇敢 9.04	勤奋刻苦 7.91	自立自强 5.65	诚实守信 3.39	认真负责 2.26	俭朴节约 1.13	29.38
有关他人	亲孝体贴 12.99	尊老爱幼 4.52	团结合作 2.82	宽容善良 2.26	真诚信赖 1.69		24.29
有关集体	热爱劳动 0.56	热爱祖国 4.52					5.08

跟传统修身教育的内容关联比较大的主要是"有关自身的道德形象"与"有关他人的道德形象"这两种类型，从表2-1可以看出，两者占了一半以上的比例。下面就结合具体的课文内容对儿童形象所渗透的品质教育进行分析。

---

[8] 陆韵.人教版小学语文教科书儿童形象的课程社会学分析[J].现代中小学教育，2015(5).

（一）诚实守信

诚实守信，是中华民族的传统美德。古汉语以单音节词为主，孟子说："诚者，天之道也；思诚者，人之道也。至诚而不动者，未之有也；不诚，未有能动者也。"（《孟子·离娄上》）孔子非常看重"信"，认为"人而无信，不知其可也"（《论语·为政》），"言忠信，行笃敬，虽蛮貊之邦行矣。言不忠信，行不笃敬，虽州里行乎哉？"（《论语·卫灵公》）可见，"诚"就是真心实意、不欺骗的意思，既不欺骗自己，也不欺骗别人，而"信"的基本含义是遵守诺言、言行一致、讲信用等。

清末民初的小学语文教科书，在诚信教育方面，既有说理的，如课文《信实》写两个农民张甲和李乙，担物到集市出售，中午集市将散，张甲余一大瓜，李乙剩一些牡蛎。张甲直言所剩之瓜非佳品而未售出，李乙诈称所剩之牡蛎新鲜而得以善价售出。

明日客复至甲处市物，并言乙诚伪之故，市人竞传之，自是甲至市场购者多，所担顷刻尽。乙待至市散，无与贸易者，乙家顿贫，而甲生计日裕，故曰：巧诈不如拙诚。[1906年《最新国文教科书（初小用）》第9册第29课]

这篇课文并没有通过塑造儿童形象来进行诚信教育，而是通过说理来进行，也有凭借儿童形象进行引导的，包括正面形象和反面形象。正面形象往往是名人小时候的事件，如民初的国文教科书课文《张元》：

张元南邻，有二杏树，杏树熟多坠元园中。群儿欲取食之，元独不可。群儿问其故，元曰：是邻家之果，非我所宜取也。乃与群儿收果，送还邻家。

张元是我国北周时期的名人，还有外国名人小时候的课文《华盛顿》：

华盛顿七岁时，游园中。以斧砍樱桃树，断之。其父归，见而怒曰："樱桃吾所爱，谁砍之？"家人惧，不敢言，华盛顿趋至父前，自承曰："砍樱桃树者儿也。"父遽释怒，执其手慰之曰："汝能不欺，予不责汝矣。"

不过，新文化运动之后，或许是出于要跳出旧文化窠臼的目的，历史上的名人小时候诚实的形象逐渐少了，即使是历史上某个名人小时候发生过诚实的事件，这个时期也被赋予动物或普通儿童身上，比如上面张元"还杏子"的事件，主角就变为普通儿童"菊英"，下面是改编过的课文《还杏子》：

菊英的邻家，有两颗杏树，杏子熟了，落在菊英的家里。菊英的妹妹兰英拾了杏子想吃。菊英说："这是别人家的杏子，虽然落在我们家里，我们也不可以拾来吃的。"说罢，她和兰英把拾着的杏子，去还给邻家。

在诚信品质的教育上，类似上面这种以普通儿童为主角的课文并不多，但是作为反面形象出现的，则基本上是普通儿童，如课文《戒妄》：

某儿喜妄语，父屡诫之。一日，父命儿在室内读书，儿以小童炮私自娱玩。父适趋入，诘之曰，尔手中何持？速以示我。时炮在左手，儿亟示以右手。父无言而去，其兄窥见之，谓之曰：我父常以妄语相戒，今何复尔？儿曰：我并未发语，胡为妄也？兄曰：凡诚实在心，不在口舌。若心存欺诈，虽终日不言，而耳目手足，无时不可售其妄。

还有课文《诳语》：

梁儿喜诳语，偶持钓竿，出门外，独游池岸，失足坠水，大呼求救。同学以为诳，不应，及闻哭声，急往视之，则梁儿几溺死矣。

这种正面形象多以小时候的名人为主角，反面形象则多以普通儿童为主角的做法，是自清末教科书塑造"人的形象"的一贯模式。

其实，诚信形象可以分为诚实教育和守信教育两方面的形象。诚实教育需要培养学生对自己和他人"讲真话"，不欺己，不骗人。如《手捧空花盆的孩子》中的雄日，《画家和牧童》中的牧童，《灰雀》中的小男孩等。《灰雀》叙述列宁在公园遇到一个男孩，问这个男孩平时都在公园栖息的灰雀为何不见了，男孩面对成年人的发问有些紧张，他告诉列宁"会飞回来的，一定会飞回来的，它还活着"。男孩说灰雀会飞回来，也许是因为列宁，也许是因为自己的觉悟，他已经意识到自己的错误并且要改正，决定要把灰雀放回来，他没有欺骗列宁，说到做到。第二天列宁果然看到灰雀飞回来了。文章结尾是这样叙述的："列宁也没有再问那个男孩，因为他已经知道，男孩是诚实的。"还有《失物招领》中全班小朋友都意识到自己乱扔垃圾不好，认领了自己丢在草地上的垃圾。《我为你骄傲》中的"我"不小心打碎了老奶奶家的玻璃并最后向老奶奶承认、道歉，得到了老奶奶的肯定。守信教育主要是指与他人有约在先的前提下履行约定，课文《说话算数》中记叙了圆圆小朋友的表哥从南方捎来了龙眼，圆圆想起了自己曾经许下的诺言，后来用自己的零花钱给表哥买了山里红，兑现了自己的诺言，从中体现了儿童守信、说话算数的形象。由于儿童作为主体责任的履行机会相对较少，而且大部分约定是停留在口头上，因此，守信的儿童形象也比较少。《小珊迪》中的珊迪，是守信儿童的典型代表。他在出去为买他火柴的"我"找零钱的途中被马车轧成了重伤，但他临死仍不忘托弟弟给"我"送回找返的零钱。《我不能失信》讲述了名人宋庆龄小时候诚实守信的故事。

一个星期天，宋耀如一家吃过早餐，准备拜访一位朋友。二女儿宋庆龄刚走到门口，忽然想起，小珍今天上午要来找她学做花篮，爸爸问她："你不是一直想去伯伯家的吗？改天再教小珍。"小宋庆龄不同意。"那回来你去小珍家解释一下，表示歉意，明天再教她做花篮，好吗？"妈妈说。"不，妈妈。如果我忘记了这件事情，明天见到她时，可以道歉；可是我并没有忘记，我不能失信啊！"

由于诚信教育的重点在于正面引导，因此，名人小时候的形象成为首选。如《诚实的孩子》《司马光不再说谎话》《诚实的华盛顿》。下面是不同时代以儿童形象来开展诚信教育的2篇课文。

华盛顿小时候，拿了一把小斧头，走到花园里。他要试试斧头快不快，就把一棵樱桃树砍断了。父亲回来，到花园里去散步，看见樱桃树倒在地上，非常生气，便问："是谁砍断的？"家里人都不敢直说。华盛顿走上前去，说："父亲，是我砍断的。"父亲听了华盛顿的话，并不责备，却安慰他说："你能够说诚实的话，我很喜欢你。"（1934年世界书局出版的国语读本初小第5册课文《诚实的华盛顿》）

列宁八岁的时候，有一天，跟爸爸到姑妈家去做客。表兄弟表姐妹见到列宁都很高兴，拉着他一道玩。他们在房间里捉迷藏。列宁不小心碰了桌子，桌子上的一只花瓶掉下来，打碎了。

孩子们正玩得起劲，谁也没有注意，还在互相追赶。

姑妈听见声音，跑进来一看，花瓶碎了，就问："是谁打碎的？"表兄弟表姐妹都说："不是我！"列宁也低声说："不是我。"姑妈笑着说："那一定是花瓶自己打碎的。"表兄弟表姐妹都笑起来，只有列宁没有笑。

列宁回到家里，躺在床上不说话。妈妈问他为什么不高兴，列宁把打碎花瓶的事告诉了妈妈。妈妈叫他写封信给姑妈，承认自己说了谎。

过了几天，邮递员送来姑妈的回信。姑妈在信上说："你做错了事能自己认错，是个诚实的孩子。"（2001年人民教育出版社九年义务教育六年制小学教科书第3册课文《诚实的孩子》）

诚信教育的基本要求是真实、可信，是符合良心和道德规范的真实。诚是信的根基，信是诚的表现。"诚实"和"守信用"为基本含义。

（二）勤奋踏实

儿童坚定地遵守道德准则或履行与他人约定的一系列行为，便构成了勤奋踏实的儿童形象。这类儿童形象的行为发生场景大多是能让儿童感受和体验到的现实生活环境，而不是艺术虚构的环境或神话背景。

勤奋踏实的儿童形象以普通儿童为主，在清末和民国时期课文中出现的名人小时候的事件则多为志向远大、不同凡响之类的，如：

孙中山，孩子时候志气高。妈妈替姐姐缠足，姐姐痛苦难熬。中山说不好不好，坏风俗要改造。姐姐对菩萨拜跪，菩萨不说也不笑。中山说不好不好，坏风俗要改造。（1917年商务印书馆共和国教科书课文《坏风俗要改造》）

孙中山小时候，住在海边的一个村庄上，海盗常常来抢劫东西。一天中山先生看见许多海盗，又到村庄上抢劫。海盗把一家的门打破，抢去许多箱子，害得那家的人大哭小喊。中山先生想："为什么那个人家，给强盗欺侮，中国没有法律保护他们？"因此，中山有改造中国的心。到长大时，把清朝改建中华民国。（1935年世界书局教科书课文《孙中山住在海边》）

"文革"结束后的全日制十年制学校小学课本开始有了名人小时候勤奋、踏实的形象，如课文《认真学习》写列宁小时候认真读书的事例，《学画》写王冕刻苦学习。21世纪义务教育课程标准实验教科书，不但保留了名人勤奋、踏实的形象，如语文出版社出版的义务教育课程标准实验教科书（S版）（以下统称为语文S版）课文《"神童"的秘诀》重点记述了陈毅小时候读书很勤奋，课前先预习，做记号，多学多问；《米芾学书》介绍了北宋著名的书法家米芾，小时候是怎样学习书法的，他用心、勤奋地练习，最终成了杰出的书法家。同时，还增加了科学探究的形象，如《不懂就要问》写孙中山敢于提问，《奇怪的大石头》写李四光小时候对草地上一块巨石的探究。不过，从数量上来说，这类儿童形象还是以普通儿童为主，或给普通儿童设计一个名字，如《李园童子》塑造了一个有职业操守的童工：

李园之旁，有童子居焉。家贫甚，李熟时，园人日以百钱佣童子，令为采李。童子殊谨愿，勤于其职，未尝私取一李。园人嘉之，既毕事，必遗之数李。童子出园。邻儿呼之曰：君日处园中，必厌李，怀中若有所藏，乞以饷我。童子曰：尔嗜此乎？吾手中余一李，可畀汝，此李园人所贻，我有权相赠也。若为人采果而私取之，则窃耳。我虽贫困，何至于窃？邻儿大惭而去。（1917 年商务国语教科书课文《李园童子》）

或以"我"为第一人称的叙述，如《打赌》写"我"和爸爸坚持履约，《爬天都峰》写"我"和老爷爷结伴爬天都峰，揭示了相互鼓励、相互汲取力量的重要性。《画杨桃》中"我"画阳桃是认认真真地看，老老实实地画，结果却遭到了同学们的嘲笑，但老师给了"我"肯定和鼓励。《新年的礼物》写"我"的表弟要给老师送礼物，结果因礼物受损而伤心。《爸爸和书》中"爸爸"希望"我"成为热爱学习的人，但由于家庭经济不宽裕，每次买书都是从日常坐车或饮食方面节省下来的，那本《皇帝的悲哀》的旧书，就是爸爸下班带我回家时冒着严寒，用放弃坐车而省下来的钱买的，"我"正是在这样的环境中逐渐爱上了看书。《顶碗少年》为我们介绍了一场扣人心弦的杂技表演，少年出错两次，依旧坚持表演。杂技是一项很复杂的表演，有时一个节目需要经过几年的训练，可谓"台上三分钟，台下十年功"，技巧来源于平时的勤奋练习。当儿童面临困难和挫折时，勤奋踏实则体现为坚强、勇敢战胜困难的可贵品质。语文 S 版二年级下册课文《我能行》中爸爸带着七岁的贝贝练习投篮，过了一会，几个大一点的男孩子跑过来抢走篮球，玩儿了起来。贝贝被抛在一边，变成了观众。爸爸问他需要帮助要回篮球吗？贝贝说"我能行"，贝贝静静地等待机会，不一会儿贝贝的喊声和身影就与大孩子们融在了一起。课文《再来一次》是一篇儿童生活故事，写小加在跳马游戏中因为害怕失败，不敢跳，在妈妈的教导下明白重要的事应该努力去做，不能轻易放弃。

（三）乐善好施

爱心需要培育，助人为乐的价值追求也需要长时间的养成。语文教材通过把日常生活事件的点点滴滴组织起来，塑造有血有肉的儿童形象，营造出熏陶感染学生的氛围，对于培养乐善好施的品格起着积极的推动作用。乐善好施的关键在于有一颗仁爱之心。孟子说"老吾老以及人之老，幼吾幼以及人之幼"，"老吾老以及人之老"的指向是长辈或年长者，"幼吾幼以及人之幼"对于儿童来说，指向其实是同辈或同龄人；对于长辈来说，指向的是儿童，这种关爱比较特殊，往往是以不爱的外在表现反映内在深沉的爱，比如《"精彩极了"和"糟糕透了"》《学会看病》等，还有语文 S 版四年级上册课文《成长》描写了一个意大利小孩卖报纸和香肠的故事：约翰的父母从小培养他的独立生活能力、自理能力，这种培养更有利于他的成长，这才是父母对孩子真正的爱。

我们这里立足于儿童视角，主要围绕"老吾老""幼吾幼"这两个层面乐善好施事件中的儿童形象进行分析，选取人民教育出版社和语文出版社编制出版的九年义务教育课程标准实验教科书课文进行分析。

《平平搭积木》写平平搭了四间房子，有人问平平，这些房子都给谁住？平平说，一间给爷爷和他的书住，一间给奶奶和平平住，一间给爸爸妈妈住，还有一间给没有房子的人住，而且平平还要搭很多很多的房子，给大家住。这里体现了平平的一颗仁爱之心。《看电视》写爸爸不知怎么把电视定位在咿咿呀呀唱个没完没了的京剧频道上，只有奶奶听得入了迷，可我和爸爸都在打盹睡觉，奶奶见此状态，就换成了我和爸爸都喜欢的足球频道，体现了家人之间的相互关爱。其实，对他人的关爱需要的是意识，非不能，乃不为。《我不是弱小的》叙述了萨沙在长辈的关爱下显得非常弱小，但他同样可以关爱比他更弱小的蔷薇花，他把爸爸妈妈让给他的雨衣盖在了比自己弱小的蔷薇花上，课文赞扬了萨沙一家自觉保护弱小的高尚品质。《玩具柜台前的孩子》写了两个有爱心的孩子，一个是看玩具的叫小兵的小男孩，他很喜欢汽车玩具，在柜台前站了半天盯着汽车玩具看，当售货员把他的心思说出来请求他妈妈买下时，小男孩体贴妈妈生活的艰辛，马上搭话说："不，我只看看，不要妈妈买。"另一个是售货员的女儿，当她知道这个小男孩的情况后，主动找出一个漂亮的小汽车，请妈妈带给那个小男孩。孝敬长辈或长者尤其是父母亲应该是发自内心的爱，是一种充实和快乐。正像《给予是快乐的》里面的男孩，他在保罗的哥哥送给保罗的圣诞礼物——一部闪亮的新车旁走来走去，一副满脸羡慕的神情。表面看在欣赏汽车，羡慕保罗能有这么漂亮的汽车，事实上，男孩真正感受到的是保罗哥哥的快乐，他希望自己也有能力送给自己的残疾弟弟这样的礼物。但是，有些体现儿童孝敬长辈的课文却不自觉地附加了外在条件。比如课文《亲人》塑造了"我"帮助邻居老奶奶，得到了老奶奶的称赞："你真是个好孩子，你这样帮助我，照顾我，真比我的女儿还亲啊！我该怎么谢你们呢！"但在做这些事情之前，却加了一句"我"牢记妈妈的教导"少先队员应该懂得尊敬老人，照顾老人"的条件，照顾老奶奶似乎是为了履行与身份一致的职责，而非自发的。友爱之心是自发的，正如孟子所言"恻隐之心，人皆有之"，无论爱心指向的是同辈、长辈，还是集体，都应该是自发的。如《童子障堤》：

濒海之地，潮水时溢。居民筑巨堤以御潮，有时堤溃海水窜入，流行及于平地。高屋，茂树，田禾，牲畜，崩折漂陷，人亦溺死。一日，有童子晚行堤畔，见堤穿一穴，海水涓涓流入。童子私念，漏久穴大，将成决口，欲奔告其父，继念时已晚，复归天黑，大堤蜿蜒，何从觅此小穴？且决口一成，塞亦无及，遂坐堤次，以手抵穴阻水，久坐夜深，冷风砭骨，竟达旦。黎明，行人经其地，见童子枯坐堤次，亟问故，童子曰：堤口将决，我以手障之耳。时童子饥冻经夜，几不能声。行人大呼，居民咸集，塞堤穴，深德童子，皆曰：童子以孤掌救我一村，吾曹宜重谢之。（1906 年最新国文教科书初等小学第 9 册课文）

儿童之间以善为灵魂的友爱主要体现在同龄人之间的互相帮助、互相关心上。它可以发生在家庭的兄妹之间，也可以发生在学校和社会的同学、朋友之间。如清末课文《爱兄》：

戴儿随其兄，同入近邻之学堂，早出晚归，相亲爱也，久之，兄卒业，就学于他校，校距家远，非星期不得归，儿恒念之，每得食物，苟可留者，必储以待兄，或裹以遗之。一日，欲以玩具遗其兄。母止之曰：汝兄在校，宜致力学业，若以玩具废学，且将受罚，是害之也。儿遽止。（1906年最新国文教科书初等小学第 6 册）

中华人民共和国成立之后，由于推行计划生育政策，类似这种发生在家庭中的互帮互爱的事件相对少了，而同学之间乐善好施的教育多了。比如，人教版义务教育课程标准实验教科书课文《她是我的朋友》，讲一个小女孩受伤了急需输血，一个小男孩勇敢地站出来为她输血。小男孩的举动之所以难能可贵且令人感动，是因为他以为把血输给小女孩后他会死去的前提下，仍然选择给朋友献血。语文 S 版四年级上册课文《皮巧根桥》中的皮巧根是个富有爱心的孩子，他用爱心为人们架起了一座安全方便的桥，受到人们的爱戴与敬仰。人教版《给予树》中写了小女孩金吉娅把本应该给家人买礼物的钱买了一个洋娃娃，送给了一个素不相识的需要帮助的女孩，赞扬了金吉娅的爱心和善良的品质。还有《卡罗纳》《掌声》《好汉查理》《检阅》等体现了同学和朋友之间的友爱。《掌声》叙述了身患残疾的小女孩有一次不得不在全班同学的目光中上台演讲，但在同学们掌声的激励下，鼓起生活的勇气，从忧郁自卑走向开朗乐观的一个感人故事，从中看到了同学之间的友爱。不过，这些事件大多是在同学不幸（身患残疾）或遭难（卡罗纳母亲去世）的前提和状态下发生的，也就是说，正常状态下这种相互关爱、先人后己的行为和形象比较少。发生在普通人正常生活状态下的儿童形象大多是反面形象。如《蓝树叶》：

美术课上，老师教同学们画风景画，要画上树、房子和小山。李丽画好了近处的房子、远处的小山。她正要画树，可是绿色铅笔找不到了。

　　李丽看看旁边的林园园已经把树画好了，树叶那么绿，真惹人爱。李丽小声对林园园说："把绿铅笔借给我用一用行吗？"林园园吞吞吐吐地说："我还没有画完呢。"李丽只好坐在那里看林园园画。等她画完了，李丽说："现在可以把绿铅笔借给我了吧？"林园园说："我怕你把笔尖弄断了。"李丽说："我小心一点儿。"

　　林园园从盒子里拿出绿铅笔，说："你要注意，不要削，画的时候不要用力，不要画得太多！"李丽连忙说："我只画树叶和小草。"林园园皱着眉头，说："还要画小草？"李丽看了看林园园，没有接她的铅笔。李丽拿起自己的蓝铅笔，用心地画着一片片树叶。林园园看见这些蓝树叶，不由得脸红了。

　　这篇课文在 1949 年上海联合出版社出版的初级小学国语课本里就已经出现了，标题也是《蓝树叶》，原文如下：

　　小花有两支绿铅笔，秀敏一支也没有。一天上午，秀敏对小花说："你借给我一支绿铅笔吧！"小花说："等我回去问问妈妈，再借给你。"下午，她们俩到了学校。秀敏问："妈妈让你借给我吗？"小花说："妈妈让我借给你。可是我还没问我哥哥。"秀敏说："那么，你再问问哥哥吧。"第二天早晨，小花一到学校，秀敏就问："哥哥让你借给我吗？""哥哥也让我借给你，可是我怕你把笔头弄折了。""弄不折，我小心点儿。""那么，你可别削，可别用力画，还别画得太多。""行啦！我就画树叶。"小花皱着眉头说："树叶，那太多啦！"秀敏看了看小花，走开了。……

　　还有一类乐善好施的儿童形象，那就是，儿童对动物、植物及所有其他自然物的泛爱思想。如 20 世纪 20 年代的课文《爱物》：

　　张菊花，性爱物，所畜猫犬，饲之以时，无不驯服。

　　21 世纪义务教育课程标准实验教科书有很多这类课文，语文 S 版三年级上册课文《帽子和鸟窝》讲的是翔翔和小伙伴在草地上痛痛快快地玩耍，把帽子丢在了草地上，结果帽子被松鼠带到了高高的松树上。他们知道鸟儿要在帽子里做窝，就决定把帽子给鸟儿做窝了。翔翔对帽子的喜爱之情与他对小鸟的爱护，都体现了儿童的善良、纯真。人教版三年级下册《七颗钻石》刻画了一名小姑娘无私的爱，她出于爱心多次让出了如生命般珍贵的水。第一次，小姑娘面对装满了清澈新鲜水的罐子，喜出望外，真想喝个够，但又一想，这些水给妈妈还不够呢，就赶紧抱着水罐跑回家去。第二次，小姑娘把珍贵的水给了哀哀叫唤的小狗。第三次，小姑娘把水罐带回家，带给了母亲。母亲说："我反正就快要死了，还是你自己喝吧。"第四次，小姑娘把装满水的罐子让给了一个讨水喝的过路人，自己只是克制着喝水的欲望干咽唾沫。最后，小姑娘的爱心感动了上苍，不但水罐里跳出了七颗巨大的钻石，还从里面涌出了一股巨大的清澈又新鲜的水流。小姑娘是体现博爱精神的典型代表。

三、小学语文教材中的儿童形象与品质教育

人的品质是指人的行为和作风所显示的思想、品性等。品质对于人来说不仅仅限于道德，还包括人的健康、能力、文化等因素。不过，语文教材中儿童形象的品质分析主要是从道德层面来探讨的。生活中形形色色的刺激，有些对儿童的社会行为和态度习得是有利的积极因素，有些则是不利的消极因素。语文教材呈现的儿童形象品质，有优良的品质和不良的品质，相应地也就存在正面和负面的影响。通过多渠道构建优良品质的儿童形象，有利于促进儿童积极、高尚的个性品质形成，同时，也应该采取一些策略来正确对待儿童形象中不良品质的负面影响。本研究以语文出版社 2005 年出版的义务教育课程标准实验教科书·语文和人民教育出版社 2001 年出版的义务教育课程标准实验教科书·语文一年级到六年级为研究对象，共选取语文 S 版塑造了儿童形象的课文 46 篇，人教版课文 32 篇，结合课文内容分析儿童形象的优良品质和不良品质，希冀对儿童优良品质的养成有所裨益。

（一）强化优良品质

优良品质是指符合社会道德规范和行为准则的品质，是教材中儿童形象佳言善行的内在品性和动力。孟子曰："恻隐之心，人皆有之；羞恶之心，人皆有之；恭敬之心，人皆有之；是非之心，人皆有之。恻隐之心，仁也；羞恶之心，义也；恭敬之心，礼也；是非之心，智也。仁义礼智，非由外铄我也，我固有之也。"又曰："凡有四端于我者，知皆扩而充之矣。"也就是说，"仁义礼智"这四端，人人皆有，关键是个体要通过教育和修炼去求之，扩而充之。同样，儿童也有积极向善的一面，优良品质之于儿童形象，就如同"四端"之于每一个体，是儿童形象本来所固有的，所谓不良品质，那只是儿童天性顽劣和认知不足而导致优良品质丢失或受到蒙蔽的一种暂时表现。因此，教育必须在体现优良品质的儿童形象上强化正面的、积极的影响，减少负面的、消极的影响。

人的本质是其一切社会关系的总和，每一个体在不同的社会关系下体现优良品质是不同的。《孟子·滕文公上》："使契为司徒，教以人伦：父子有亲，君臣有义，夫妇有别，长幼有序，朋友有信。"强调学校教育的目的在于"明人伦"。在我国古代，君代表国，父代表家，因此，这五种人伦关系，概括来说，其实就是个体对于长辈、国家、同辈之间的关系及其行为规范的认识，其现实表现可结合具体课文从以下三方面来分析。

1. 尊敬师长

对儿童来说，尊敬师长是一种牵涉长辈的优良品质。《三字经》树立了黄香的形象来体现儿童孝敬长辈的优良品质，"香九龄，能温席。孝于亲，所当执"。《弟子规》则列举了孝敬长辈的行为要求："父母呼，应勿缓；父母命，行勿懒；父母教，须敬听；父母责，须顺承。"民国初年的最新国文教科书秉承了选取和塑造体现尊敬师长的儿童形象的做法，将黄香的故事改编为课文《事亲》："黄香九岁，事父至孝，夏则扇枕席，冬则以身温被。"另外还设置了普通儿童形象，体现了孝敬长辈的行为礼仪品质，如课文《爱亲》：

"父往他乡，女随母，送于门外，请父早归"；

还有课文《陪客》：

钮儿在家，有客访其父，父适他往。儿邀客入，请客上坐，已在下位陪之。客有问，则谨答之。客去，儿送至门外，及父归，以客所言，告之以父。

除这种行为引导的优良品质教育之外，这套教科书还设置了思想意识渗透的儿童形象，如课文《赵至》：

赵至之父，以耕为业。至年十三，父令就塾读书，一日，闻父叱牛声，掩面而泣。师问故。至曰："予年少，未能奉养，使老父不免劳苦，故自悲耳。"

还有课文《亲恩》：

人初生时，饥不能自食，寒不能自衣，父母乳哺之，怀抱之。有疾，则延医诊治。及年稍长，又使入学。其劳苦如此，为子女者，岂可忘其恩乎？

这套教科书从行为礼仪和思想意识两方面提供了儿童形象尊敬师长的品质。也有通过说理教育来引导养成这种品质，如民国订正最新国文教科书课文《劝孝》：

世界人类无贵贱，无智愚，试执一人而询之，曰：汝何以有汝身？则无不曰：父母之所生也。又试询之曰：汝有此身，何以能成立？则无不曰：父母之所养也。然则父母之恩何如乎？未生之时，怀胎十月，母之苦自此始矣。既生，父母怀之抱之，艰难辛苦，昼夜不厌，稍长为之择师，俾出就学，以为他日自立之基。及其成人，为之娶室，见其交友，则忧曰：得无交损友乎，能不遭祸患乎。虽所未见，常悬揣而忧之，凡父母一生之所营，率为其子也。

父母之恩如此，以言报答，殆非人力之所能及。虽然，力之所及，其无或不尽矣。子之幼也，不能自养，故父母养之，及子之成立，而父母或衰老不能自养，子可以不奉养乎？奉养之道，贵贱贫富，虽不能相同，要当各应其分，不可有所吝也。

虽然，尽口体之养，而无以安其心，则仍不免于不孝。故父母之命，非不得已，慎勿违之。若夫干犯法纪，辱身危家，殆父母之忧，而累父母之名，则不孝之尤者矣。[1915 年中华民国初等小学用（订正）最新国民学校国文教科书第 8 册]

此后的小学语文教材，在选取和塑造体现尊敬师长品质的儿童形象时，有从行为礼仪方面着手的，如课文《师生情》，写王老师生病住院了，三名女同学带着全班的心意去看望王老师，可看作礼节性的教育，但这类课文相对较少。其他即使体现了孝敬师长的直接行为的儿童形象，也很少牵涉礼仪规范，如《胖乎乎的小手》刻画了兰兰为长辈做家务的形象，帮长辈拿鞋，洗手绢，挠痒等。《棉鞋里的阳光》描写了小峰帮奶奶晒棉鞋的事件。这些都是自主选择的行为，其根源来自于孝心，于是，有关体现优良品质的内在思想观念形成的儿童形象，就成了小学语文教科书选取和塑造的主要对象，就成了教材中儿童形象优良品质教育的主要内容。《月亮的心愿》写小女孩珍珍为了照顾生病的妈妈放弃郊游的事，塑造了关心父母、体贴长辈的美好心灵。《妈妈的账单》讲的是小男孩彼得给妈妈开了一份账单，索取他每天帮妈妈做事的报酬；当小彼得在他的餐盘旁看到他想要的报酬时，同时也看到了妈妈给他的一份账单，这份账单让小彼得感受到了母爱的无私与无价，他惭愧地把索取来的报酬塞进了妈妈的口袋。《玩具柜台前的孩子》写一个小孩很喜欢玩具小汽车，但他知道爸爸常年病着，家里生活不富裕，还得给爸爸买药，他理解妈妈，心疼妈妈，不但不以哭闹来换取自己想要的东西，反而当售货员阿姨答应给他买小汽车作为生日礼物时也表示不要，体现了对父母的一片孝心。《爱迪生救妈妈》写出了爱迪生为了给妈妈动手术而表现出来的聪明机智、爱动脑筋的品质精神。《三个儿子》写出了那个"没有特别才干的儿子"对妈妈的体贴关爱，课文中三个妈妈各自夸自己的儿子，一个说她儿子聪明又有力气，一个说她儿子能唱好听的歌，最后一个实在找不到自己的儿子有什么特别的才干。可是当三个妈妈摇摇晃晃地提着一桶重重的水迎面走来时，聪明又有力气的儿子在翻跟斗，歌唱得好的儿子在引吭高歌，唯有没有什么特别才干的儿子迎上去接过妈妈沉甸甸的水桶。

2. 祖国之爱

祖国是一个内涵比较宽泛的概念，它既可以是国家的政治文化，也可以是国家的大好河山、风土人情和繁荣景象。21世纪的九年义务教育课程标准实验教科书，在培养儿童热爱祖国情感方面的内容依托或承载主体，主要是祖国的大好河山、风土人情等自然人文景观，如课文《日月潭》《葡萄沟》《富饶的西沙群岛》《美丽的小兴安岭》《雅鲁藏布大峡谷》《鸟的天堂》《迷人的张家界》《桂林山水》《记金华的双龙洞》《七月的天山》《索溪峪的"野"》《黄果树听瀑》《山城的雾》《观潮》等，以及《可爱的草塘》《我爱故乡的杨梅》《桂花雨》《彩色的翅膀》《小桥流水人家》《青山不老》，这些文本都写出了对祖国河山的向往或对曾经生活过的地方的热爱和情感倾注；介绍国家文化和地方风俗风景来寄寓爱国情感的课文有《难忘的泼水节》《赵州桥》《一幅名扬中外的画》《盘古开天地》《女娲补天》《夸父追日》《武夷山和阿里山的传说》《北京的春节》《藏戏》《各具特色的民居》《和田的维吾尔》《北京亮起来了》《香港，璀璨的明珠》等。

相比较而言，真正借助塑造人物形象来表达爱国之情的课文不算很多，如《梅花魂》《狼牙山五壮士》《难忘的一课》《王二小》《小英雄雨来》《夜莺的歌声》《为中华之崛起而读书》《一面五星红旗》等，其中呈现的儿童形象更少。《王二小》讲述了在抗日战争时期，王二小的家乡经常遭到敌人侵犯，他常常一边放牛一边帮助八路军放哨。在一次敌人扫荡时,他巧妙地把敌人带入我们的包围圈,敌人气急败坏地杀害了王二小,最后八路军消灭了这股敌人。王二小勇敢机智、不怕牺牲的故事广泛传颂。《小英雄雨来》讲的是抗日战争时期,晋察冀边区的少年雨来,游泳本领高强,聪明勇敢,为了掩护革命干部,机智地同敌人作斗争的故事,歌颂了雨来热爱祖国、不畏强敌的品质。特别是雨来挨打流血的场景——"一滴一滴的血滴下来,溅在课本那几行字上：我们是中国人,我们爱自己的祖国"。这一场景给许多儿童留下了深刻的印象,使雨来成了儿童崇拜的偶像。《夜莺的歌声》讲述了苏联卫国战争时期,一个被称作小夜莺的孩子,巧妙同敌人周旋,用口哨学鸟鸣,为游击队传递信息,协助游击队歼灭德国法西斯强盗的故事,课文充分表现了"小夜莺"的机智勇敢和爱国主义精神。《为中华之崛起而读书》中周恩来小时候老师问他们是为了什么而读书,有的人说为了金钱,有的人说为了光耀门楣,然而,在民族危亡的时刻,周恩来掷地有声地说"为中华之崛起而读书"。《一面五星红旗》写"我"作为一名中国留学生,在一次假期的漂流活动中发生了事故。在极度困难的处境下,"我"拒绝了面包店老板用国旗换面包的要求,以自己的爱国精神维护了国旗和祖国的尊严,也赢得了外国朋友的尊敬。语文S版教科书还选取了课文《小兵张嘎夺枪记》,嘎子果断勇敢、聪明机智,课文体现了为保护战友与鬼子斗智斗勇的嘎子这一儿童形象。

或许是受和平与发展的时代主题影响以及世界经济一体化的推动,自改革开放以来,小学语文教科书中有关对敌斗争、相互竞争以及展示民族自信方面的形象选取和塑造越来越少,相反对展现他国优势的人物形象的介绍和塑造却比较多。

3. 团结合作

在人伦关系中,"长幼有序,朋友有信"都可看作对同辈相处之道的表述。《三字经》选取了孔融谦让的形象:"融四岁,能让梨,悌于长,宜先知"。

作为儿童形象，与同辈相处的优良品质，很大程度上体现在与儿童的兴趣、经验及其所处的环境相关联的事件上。这些事件大致可概括为两方面：合作与竞争。其中合作占主要地位，既有团结的合作，也有竞争的合作，体现的是相向前行的关系，至于竞争中单纯敌对的竞争则很少。

合作事件在人际交往和相处中居于主流地位，诸如诚实守信、与人为善、乐于助人、先人后己、宽容谅解、独立思考等品质，都是合作相处的前提。小学语文教科书呈现合作的儿童形象，一类主要体现在一方对另一方的帮助或一方的智慧对另一方的影响。比如，《司马光》写7岁的司马光砸缸救了伙伴，就体现其聪明、机智、勇敢；《这个办法好》讲述了少年毛泽东善于动脑筋思考问题，指挥大家分工合作，既省力气，又省时间，还把活干好的事。《一次成功的实验》写一位教育家来到一所小学进行的一次脱离危险的实验，一个小女孩先人后己的品质让实验获得了成功，正如课文中女孩不假思索的话："有了危险，应该让别人先出去"。也有一方对另一方带来负面影响的事件，需要塑造独立思考的儿童形象，如课文《小猫刮胡子》主要讲了小猫学着主人的样子，把胡子刮得干干净净，结果晚上在追捕老鼠时撞得鼻青脸肿，猫妈妈的一席话使小猫再也不刮胡子了。《小马过河》中小马驮麦子去磨坊，路上要过一条河，老牛说水很浅，可以过，但是松鼠说水很深，他的伙伴刚被淹死。小马没了主意，只好跑回去问妈妈，妈妈要他亲自去试一试。小马又回到了河边，自己过了河。在现实生活中，由于儿童的认知水平低和社会生活经验不足，容易轻信他人。因此，这篇课文教育儿童遇到事情时要自己动脑筋，想办法克服困难，找到答案。《动手做做看》描写了科学家郎志万故意把一个错误结论告诉小朋友，再问为什么。目的是让孩子们明白：科学家的话，也不一定是对的，要动手做做看。伊琳娜是个爱动脑筋的孩子，她不迷信权威，在妈妈的启发下动手实践，获得了正确的答案，并明白了科学家真正的目的。另一类则体现了相互影响的合作，如课文《称赞》中的小刺猬和小獾相处融洽，源于相互认可和称赞。小獾说："在我有点儿泄气的时候，是你称赞了我，让我有了自信。"小刺猬说："你的称赞消除了我一天的疲劳！"彼此都是发自内心的称赞，让它们相互汲取了力量。课文《做灯笼》叙述了新年布置教室时，作为同桌的王京和李良合作做灯笼的事，王京是班里公认的小画家，李良不爱画画儿，但是他的手很巧，王京在李良做的灯罩上，画了花草，画了树木，画了可爱的小金鱼……还写下一句话："合作真快乐！"他们不仅赢得了同学们的掌声，也体会到了团结合作的快乐。

竞争事件往往是出于误解和心胸狭隘而出现的，如《争吵》叙述了安利柯出于嫉妒，把克莱谛无意弄脏了自己本子的行为当成故意，并为此引发了争吵，而且安利柯还故意把克莱谛的本子也弄脏了作为报复。等怨气消散后，安利柯回想起克莱谛平时的种种优良品质，又开始为自己冲动的行为后悔。但是，后悔归后悔，安利柯还是不愿意向克莱谛承认自己的错误，觉得这样太丢脸，怎么也说不出"请原谅我"这几个字。最后，克莱谛的宽容和主动示好才让这场争吵圆满和解。

（二）正视不良表现

在教材选取和编制上，存在社会经验本位论和个性本位论的不同观点冲突。社会经验本位论者强调教材的社会价值，认为儿童是缺乏经验的未成熟者，教育者为使儿童将来能适应各种社会生活，必须拿荟萃人类经验结晶的教材来训练儿童，强迫儿童接受。儿童个性本位者则主张教材的价值当以能否满足儿童年龄阶段的需要为标准，教材编辑者应当充分考虑儿童当下的兴趣、经验和生活。儿童虽然是缺乏经验的未成熟者，但儿童时代本身自有其特殊的需要，各种教材不过是用来助长儿童的发达。其实，这两种主张都各有理由，也各失偏颇。偏重社会经验而不顾儿童天性，结果是教材和儿童生活脱节，教材所给予儿童的，只是些成人所能了解的抽象的东西；偏重儿童个性，单纯迎合儿童的心理需要，不顾社会需要，结果是儿童的认识发展停留在低层次的水平。因此，社会所需要的，或许不为儿童现在所需要；儿童所需要的，也许缺乏社会价值。教材编制者一直在努力寻找两者的平衡点。作为教材阅读者和教材使用者，必须正视体现在儿童形象中与优良品质不相一致的儿童天性，挖掘儿童天性顽劣中的积极因素。

1. 好面子

面子等同于个体的尊严和价值，每一个个体都或多或少有渴望在他人或集体面前有面子的心理。为了面子会出现一些与事实不符的言行，或做出与内心本意不相一致的决断。如民国初年教科书中的课文《大言》：

人有大言者，游京师而返，言于众曰：吾能健跳极远，京师之人，无能及我者。诸君如不信可往问之。时有一人在侧曰：勇哉壮士，汝果如是，今更健跳，以试其技，何必远取证于京师。

"大言"是许多小孩在特定场合曾经有过的言行，这种行为表面上看是为了面子而说谎，但是，它也有积极的因素，那就是有一颗追求尊严和价值的上进之心。只不过因为图一时面子，而没有意识到谎话被戳穿的后果给面子带来的长远伤害。当然，也有儿童意识到了这种得不偿失的结果，事后产生后悔之意。如从 20 世纪 80 年代起一直沿用到现在的课文《诚实的孩子》，写列宁 8 岁的时候到姑妈家去做客，与表兄弟表姐妹在房间里玩捉迷藏时，列宁不小心打碎了一只花瓶。姑妈听见声音，跑进来一看，花瓶碎了，就问："是谁打碎的？"表兄弟表姐妹都说："不是我！"列宁也低声说："不是我。"姑妈笑着说："那一定是花瓶自己打碎的。"大家都笑起来，只有列宁没有笑。

没有笑的列宁，说明其内心已有内疚后悔之意，但为了面子不敢直接承认。类似的课文还有人教版义务教育课程标准实验教科书课文《灰雀》。课文写有一年冬天列宁在郊外养病期间，每天到公园散步。公园里有一棵高大的白桦树，树上有三只灰雀：两只胸脯是粉红的，一只胸脯是深红的。列宁每次走到白桦树下，都要停下来，仰望这三只欢快的灰雀，还经常给它们带去面包渣和谷粒。有一天，列宁发现那只胸脯深红的灰雀不见了。这时，列宁看见一个小男孩，就问：

"孩子，你看见过一只深红色胸脯的灰雀吗？"

男孩说："没看见，我没看见。"

列宁说："那一定是飞走了或者是冻死了。天气严寒，它怕冷。"

那个男孩本来想告诉列宁灰雀没有死，但又不敢讲。

列宁自言自语地说："多好的灰雀呀，可惜再也不会飞回来了。"

男孩看看列宁，说："会飞回来的，一定会飞回来的。它还活着。"

男孩这一"会飞回来的，一定会飞回来的"判断，其实就是小男孩后悔心理的反映，同时也体现了小男孩迁善改过的可贵品质。列宁为了照顾这个小男孩的面子，没有去点破，只是感慨"再也不会飞回来了"。其实好面子是人之常情，在不伤害他人的情况下偶尔为之，是可以谅解的，但不能为了面子而乐此不疲，养成为面子而好诳语的不良习惯，如20世纪20年代商务印书馆出版的由庄俞主编的国语教科书中的课文《戒诳语》：

司马光幼时，与姊共弄胡桃，欲脱其皮，不得。姊去，一婢以汤脱之。及姊复来，光告姊曰："吾能脱之矣。"其父适见之，呵曰："小子何得诳语！"光自是改过，终身无诳语。

当司马光陶醉于诳语带来的面子时，遭到了父亲的训斥，促使其改过，养成了戒诳语的良好习惯。

2. 好奇

好奇泛指对自己所不了解的事物或不清楚的场景感兴趣，充满新鲜感。好奇心是人类进步的动力，很多发明创新是为了满足自己的好奇心。牛顿对一个苹果掉在地上产生好奇，于是发现了万有引力。瓦特对烧水壶上冒出的蒸汽十分好奇，最后改良了蒸汽机。伽利略是看吊灯摇晃而好奇进而发现了单摆。李四光对石头的好奇，推动他去探究地质变迁。可以说，科学家都是具有强烈好奇心的人。但是，有些牵涉人情、处事、人际关系的好奇心，却并不具有积极的作用，需要给予正确的认识引导。如民国初年订正最新国文教科书第8册课文《毋窥私书》

甲乙丙三人，相善也。某日甲访乙，不遇，坐待之。适邮者以丙书致乙，甲受之，以为乙丙皆挚友，无所疑忌，拆而观之，则丙以私事密商于乙，并嘱勿令甲知之。甲读竟，欲溺其书，则负丙，出以示乙，又自惭怍。方踌躇间，而乙至。甲不得已，出书，且曰：以吾三人之挚好，当无隐情。岂意书中之语，乃为我所不得与闻者。乙曰：人心之不同，如其面焉，君何信之深也。今是书幸无与君事也，设丙书有诋君语，君读之，当何如？甲大愧恨，深自引咎。然乙丙终以甲非长者，交情日疏。

这篇课文设置了对挚友信件充满好奇的甲的形象，最后导致了挚友对甲的疏远。其实，每一个个体都存在个体的私人空间和属于自己的思想，任何对这些属于个体私物的好奇，都将给个体处世带来负面的影响，不利于个体的成长发展。为了警示这种好奇心，这套教科书还设计了一篇说理的课文《毋侧听》：

有物于此，无论我将自用，或将以与人。设有人焉从而强劫之，则谓之盗，从而私取之，则谓之窃，此人人所知也。不唯物也，言语亦然。我发言而使人听之，则其人必我之所许也，犹之我以物与人，非他人所得觊觎者。设或有听我私语者，固无异于私取人物，则亦谓之盗窃而已。然则当他人密语之时，无论与我之交谊为何如，必不可从而窃听之。礼曰：户外有两履，言闻则入，言不闻则不入。正为此也。

可见，类似这种有好奇癖好者是需要引导的。不过，在小学语文教科书中很少有类似场景的儿童好奇现象，大部分呈现的好奇是对未知事物规律和秘密的探求、揭示。

3. 好表现

儿童好动是好表现的根源，好表现有利于个性张扬和自强精神的培育，如课文《绝招》写几个孩子比绝招，三胖的憋气，二福的武术，让展现不出绝招的小柱子蔫了。小柱子觉得自己太丢人了，低下头撒开腿跑了。后来，小柱子在奶奶的启发下，苦练了一个可以镇住同伴的绝招——口算不过百的两位数相乘的结果，并赢得了伙伴们的羡慕和称赞。但是，好表现也容易导致沉迷于自我表现，而不顾他人感受的结果。这种不良品质将影响到人际间的沟通和交往，是不允许成为常态和习惯的，如民国初年订正最新国文教科书第 8 册课文《戒轻率》：

甲乙两生，相善也，甲生性坦率，高谈大步，旁若无人。乙生屡规劝之。甲曰：此我自由，无与他人事也。某日，二生以事乘舟赴某地，中途欲有所商议，同舟者忽喧哗，对语不相闻，甲生恨之，既登岸，谓乙生曰：甚矣，同舟之人之喧哗也。乙曰：子亦知喧哗者之为侵人自由乎？然则子之高谈大步，宁异于是？甲曰：吾知过矣，当戒之。

由于一个人的表现总是在一定的社会和集体中，总是在某一特定的情景中，因此它必须与相应的环境、相应的人物保持和谐、吻合。否则，好表现就成了恶作剧和伤害，如课文《我为你骄傲》写"我"和小伙伴躲在一位老奶奶家的后院里，把一块块小石头扔上她家的房顶，看着石头像子弹一样射出，又像流星一样从天而降，我们觉得很开心，很有趣，但接着出现了不良结果，一块石头砸在了老奶奶家的后窗户上，玻璃破碎了。课文为打碎窗户的孩子提供了解决思路，让他内疚，认错，最后得到了老奶奶的肯定。其实，这种针对好表现的教育，应该首先权衡表现活动的危害等级，而不是结果的处理和认识。因此，当好动、好表现对自身、他人和集体造成伤害或难以让他人接受时，就必须引导儿童全面反思自己行为的问题所在，以养成良好的处世品质和行为习惯，如针对《司马光砸缸》中攀爬落入缸中的孩子，引导如何避免玩耍时自身受到伤害；针对《我选我》中的王宁，引导儿童正确认识王宁选自己必须考虑的两个问题：一是其他同学有没有想做劳动委员，二是李小青的表现是不是如同作为好朋友的王宁所认为的那样"爱劳动，爱集体"。如果这两个问题都有课文内容以外的可能，那么王宁的"我选我"的行为是不值得提倡的。

好表现的反面是沉默。儿童本来天性好动，好表现是其自然表现，不表现或沉默则是因为外在事物或信息触动了其内心世界，抑制了儿童好动的天性，这是教育推动良好道德品质形成的契机。如课文《可贵的沉默》一方面写老师用问题"爸爸妈妈知道你的生日在哪一天吗"点燃了孩子好动的心时，孩子们个个神气十足，争相表现，几乎所有的孩子都在快乐地交谈生日聚会、生日礼物、父母祝福等内容；另一方面写老师抛出第二个问题"你们中间有谁知道爸爸妈妈的生日"时，教室里寂静和沉默的表现：没有人举手，没有人说话，有的低着头，有的望着窗外，所有的人都沉默不语。在这里，沉默和不表现既是教育的契机，也是已有良好品质的体现。又如《第六颗钻石》中的临时售货员，有一天不小心，衣袖带翻了一个盛着钻石的托盘，有六颗钻石滚落在地。可是从地上捡起来时却只有五颗，找遍了墙角和柜底，就是找不到第六颗钻石。售货员焦躁不安，像疯了一般到处乱翻，当他意识到很可能是刚才在柜台边溜达的那个衣衫不整、又高又瘦的人捡走了第六颗钻石时，他没有发疯似的盘查和质询这个人，而是控制了自己的情绪和行为，想起母亲常说的话"人大多是心地善良的"，于是，表现出真诚和友好地说："这是我的第一份工作。您知道，现在工作很难找，请多多关照。"对方回应"是的，工作的确是很难找"并通过握手把那颗钻石悄悄地交给了售货员。

教科书是全面系统地反映学科教学内容的教学用书，是实现教育目标的重要工具。语文教科书内容的选取，遵循着课程目标所体现的价值要求，需要多方考量，反复斟酌，有人甚至认为不良教材的祸害超过"敌国外患"。"教材二字，殊未易言，虽以薄物小篇，亦必具有开物成务之阅识，寓以牖民觉世之深心，而后可使全国儿童在幼稚时间，以确立任重致远为大国民之基础，……若徒抄袭他国课本，或小说家之寓言，参以吾国报纸老生常谈，加以市井无赖口吻，以致养成卑劣心习，举炎黄神圣之胄裔，悉葬瘗于重渊，其祸之烈，殆尤甚于敌国外患，此小学教科书之所当注意也。"[9] 义务教育语文课程标准（2011 年版）提出，课程内容的价值取向，要继承和发扬中华优秀文化传统和革命传统，体现社会主义核心价值体系的引领作用，突出中国特色社会主义共同理想，弘扬以爱国主义为核心的民族精神和以改革开放为核心的时代精神，树立社会主义荣辱观，培养良好的思想道德风尚。语文教材呈现的人物形象众多，基于儿童的年龄阶段特征去设计的人物形象，对于儿童来说，更具有亲切感和吸引力。

[9]《民国丛书》编辑委员会 .《民国丛书》第一编（影印本）[M]. 上海：上海书店，1989:36.

第三章 小学语文教材中的自立教育

　　自立，从字面上看，《说文解字》释为：立，从大立一之上；大，人也，一，地也；会意。意指一个人在地上站立，后来，站立的范围从地上扩展到社会。在心理学研究中，对于自立概念有不同层面的认识，有的强调自我的行为方式，有的则把它看作个体的一种自我意识，或者理解为一种积极向上的人格品质或道德品质，也有的把它看成一种能力和态度。《现代汉语词典》作了这样的解释："不依赖别人，靠自己的劳动而生活"。陶行知创作的《自立立人歌》也强调了"不依赖"的认识："滴自己的汗，吃自己的饭。自己的事情自己干，靠人靠天靠祖上，不算是好汉。"[10] 可见，"自立"的核心内容在于：不依赖他人，亦不依赖外部权威和力量，而完全相信自己，凭自己的力量成就人生。

　　至于自立教育，其实质内容则牵涉个体独立所赖以存在的物质和精神基础，其立足点是个体，生长点是社会，正如《论语•雍也》所言："夫仁者，己欲立而立人，己欲达而达人。能近取譬，可谓仁之方也已。"

　　学校的自立教育，由于受教育对象是学生，不是直接从事物质资料生产的个体，其重点任务聚焦于精神成长，突出自立意识的养成教育。我国在发展社会主义市场经济的过程中，非常重视自立意识的教育，把它列为社会主义精神文明建设和公民道德建设的重要内容之一。1996 年 10 月 10 日中国共产党第十四届中央委员会第六次全体会议通过《中共中央关于加强社会主义精神文明建设若干重要问题的决议》特别提到，

　　　　[10] 陶行知.《陶行知全集》第五卷 [M]. 成都 : 四川教育出版社，1991:789.

"发展社会主义市场经济有利于解放和发展社会主义社会的生产力，增强社会主义国家的综合国力，提高人民的生活水平，也有利于增强人们的自立意识、竞争意识、效率意识、民主法治意识和开拓创新精神，使社会主义的优越性进一步发挥出来。" 2001 年 9 月 20 日中共中央印发《公民道德建设实施纲要》，也提出：坚持社会主义道德建设与社会主义市场经济相适应。要充分发挥社会主义市场经济机制的积极作用，不断增强人们的自立意识、竞争意识、效率意识、民主法治意识和开拓创新精神。社会主义市场经济发展到今天，自立意识既是个体履行社会责任的前提条件，也是创新驱动发展的支撑条件。

自立意识的内容丰富，因其指向不同会有不同的表现。有的学者提出自立大致可以区分为身体自立、行动自立、心理自立、经济自立和社会自立[11]；有的学者则根据自立存在的状态将自立划分为人生态度、个性特征和生存方式三个方面，也有学者从自立人格角度将自立人格划分为自在性自立人格、自主性自立人格和自为性自立人格。不同的划分代表了从不同层面、不同维度对自立意识的认识和思考。本书对自立意识的认识和分析主要从以下四个维度展开：一是基于天然本性和自我力量行动的自发形象，二是基于自我知识和能力认可的自信形象，三是基于自我人生态度和价值观处事的自强形象，四是基于自我人格和声誉立世的自尊形象。当然，作为精神成长内容的自立意识，对其作任何维度、任何标准的划分都是相对而言，如此划分只不过便于全面深入分析而已。下面围绕以上四方面的意识养成，就小学语文教材如何去选取和塑造自立形象进行分析，为儿童更好地自立于家庭、学校和社会提供可以借鉴和效仿的对象，推动自立教育。

---

[11] 黄希庭，李媛. 大学生自立意识的探索性研究 [J]. 心理科学，2001，24(4): 389-392.

一、基于天然本性和自我力量行动的自发形象

自发形象的塑造,实际上也是让儿童体会长辈苦心的过程。与"自立"相对的是"他立","他"意味着外在的力量和帮助,但在儿童的成长认识中,这种力量和帮助似乎就是"自己"的,就像大地的存在本来就是为了支撑人的行走一样,无意识中融为一体了。为此,需要塑造形象推动儿童养成清醒地、清晰地区分自身和"他人"的意识,包括自物和他物、自力和他力,从而成长为自发、自觉地为家庭和社会服务的人。清末最新国文教科书第 10 册课文选取了乐羊子之妻的形象来引导儿童正确区分他物与自物:

乐羊子行道时,得遗金一饼。归以与妻,妻曰:吾闻志士不饮盗泉之水,况拾遗金以污其行乎?羊子大惭,乃捐金于野。

乐羊子既远游,久而未归,家有老母,其妻朝夕侍奉,克尽孝敬。一日,邻舍所蓄鸡,误入庭中,老母喜而攘之,妻谏曰:此邻之鸡,非我之鸡,去还之。母不应,杀以为食。妻对鸡而泣,母问故。妻曰:乐羊子不能养亲,致老母食人之食,自伤无才,不能救贫,故泣也。母闻其言,遂弃之。

1917 年商务印书馆出版的国语教科书课文《李园童子》也塑造了一个类似的儿童形象:

李园之旁,有童子居焉。家贫甚,李熟时,园人日以百钱佣童子,令为采李。童子殊谨愿,勤于其职,未尝私取一李。园人嘉之,既毕事,必遗之数李。童子出园。邻儿呼之曰:君日处园中,必厌李,怀中若有所藏,乞以饷我。童子曰:尔嗜此乎?吾手中余一李,可畀汝,此李园人所贻,我有权相赠也。若为人采果而私取之,则窃耳。我虽贫困,何至于窃?邻儿大惭而去。

世界书局 20 世纪 30 年代出版的国语读本也有一篇课文《不是我家的梨树》,写一群逃难的人又饥又渴,忽见路旁一棵梨树结着许多果实,

不问是谁家的果树，便蜂拥上前摘吃，只有一个叫许衡的孩子不去摘。有人问他怎么不去摘几个梨子来解渴。许衡说，物各有主，不是我家的梨树，怎可随便摘来吃？那人回道：路旁的梨树，是没有主人的。许衡说：梨树虽然没有主人，难道我的心也没有主人了吗！

许衡要做自己的心的主人，其实就是内心有一份区分他物与自物的清晰意识。1978 年出版的全日制十年制小学课本第 3 册课文《颗粒归公》也塑造了一个公私分明的形象：

我奶奶养了五只鹅。这些鹅红嘴巴，高额头，浑身雪白。我弟弟特别喜欢它们，常常给它们喂食。鹅一看见他，就伸长了脖子围着他转。

那天，我弟弟拾了一篮子稻穗，正要送到队里去，那五只淘气的鹅以为又给它们喂食来了，嘎嘎嘎地追了上来。弟弟把篮子举得高高的，大声说："这是队里的，不给你们吃！"鹅一点也不听话，它们拍着翅膀，盯着篮子，嘎嘎嘎地叫着往上扑。弟弟左躲右闪，急得满头是汗。

教材塑造自发形象关注的另一个主题就是认识和区分自力和他力。正如清末最新国文教科书第 6 册第 8 课《凌霄花》所揭示的道理：

有木名凌霄，擢秀非孤标。偶依一株树，遂抽百尺条，托根附树身，开花寄树梢，自谓得其势。无因有动摇，一旦树摧倒，独立暂飘摇，疾风从东起，吹折不终朝，朝为拂云花，暮为委地樵。寄言立身者，勿学柔弱苗。

这篇课文通过说教的方式启发儿童区分"自力"和"他力"，这两者在小学阶段的儿童意识里往往是混沌的，教育者除了道理说教外，更需要通过创设情境和塑造形象去触动其思考，养成自发的独立意识。如人教版义务教育课程标准实验教科书第 6 册课文《可贵的沉默》中的小孩一直把爸爸妈妈的付出视为常态，从没想过利用"自力"为爸爸妈妈做点什么。

铃声响了，开始上课。

我问同学们："爸爸妈妈知道你的生日在哪一天吗？"

"知道！""知道！"孩子们异口同声地回答。

"生日那天，爸爸妈妈向你们祝贺吗？"

"当然祝贺了！"又是一片肯定的回答声。

"'知道的''祝贺的'，请举手！"

他们骄傲地举起了手，有的还神气十足地左顾右盼。

"把手举高，老师要点数了！"我提高了声音，"啊，这么多啊！"

我的情绪迅速地传染给了他们，他们随着我一起点起数来"15，16，17……"越点越多，越点越兴奋，声音越来越响，前排的孩子都回过头往后看，几个男孩子索性站了起来，我也不阻止他们。几乎所有的孩子都在快乐地交谈，谈的内容当然是生日聚会、生日礼物、父母祝福……

孩子们会感受爱了，但这还不够。我想去寻找蕴藏在他们心灵深处的，他们自己还没有意识到的极为珍贵的东西。我接着问：

"你们中间有谁知道爸爸妈妈的生日，请举手！"

霎时，教室里安静下来。我把问题重复了一遍，教室里依然很安静。过了一会儿，几名女学生沉静地举起了手。

"向爸爸妈妈祝贺生日的，请举手！"教室里寂然无声，没有人举手，没有人说话。孩子们沉默着，我和孩子们一起沉默着……

还有第6册课文《妈妈的账单》塑造的小彼得的形象。

小彼得是一个商人的儿子。有时他会到他爸爸做生意的商店里去瞧瞧。商店里每天都有一些收款和付款的账单要经办，彼得经常被派去把这些账单送往邮局寄走。他渐渐觉得自己似乎也成了一个小商人。

有一次，他忽然想出一个主意：也开一张收款账单寄给他妈妈，索取他每天帮妈妈做事的报酬。

一天，妈妈发现她的餐盘旁边放着一份账单，上面写着：

"母亲欠她儿子彼得如下款项：

取回生活用品 20 芬尼

把挂号件送往邮局 10 芬尼

在花园帮助大人干活 20 芬尼

彼得一直是个听话的好孩子 10 芬尼

共计：60 芬尼。"

彼得的母亲仔细地读了一遍，然后收下了这份账单，什么话也没有说。

晚上，小彼得在他的餐盘旁边找到了他想要的报酬。正当小彼得如愿以偿，要把这笔钱收进自己的口袋里时，突然发现在餐盘旁边还放着一份给他的账单。

他把账单展开读了起来：

"彼得欠他的母亲如下款项：

为他在家里过的十年幸福生活 0 芬尼

为他十年中的吃喝 0 芬尼

为在他生病时的护理 0 芬尼

为他一直有一个慈爱的母亲 0 芬尼

共计：0 芬尼。"

小彼得读着读着，感到羞愧万分。过了一会儿，他怀着一颗怦怦直跳的心，蹑手蹑脚地走近母亲，将小脸蛋藏进了妈妈的怀里，小心翼翼地把那 60 芬尼塞进了她的上衣口袋。

小彼得在"自力"的付出与妈妈的付出对比中为自己的索取行为感到羞愧万分，推动他意识到不但不该为"自力"的付出而索取回报，而且应该自觉地多为家里付出"自力"。这种自觉的认识不是一蹴而就的，需要教材多创设这类情境，让儿童设身处地去体味、自悟、熏陶。第 9 册课文《慈母情深》就写出了"我"一直把母亲对自己吃穿住、上学、买书的付出视为理所应该，而在一次经历了找母亲要钱买书的过程后，身临其境感受到了母亲的艰辛，自立意识瞬间萌发。

母亲掏衣兜，掏出一卷揉得皱皱的角票，用龟裂的手指数着。

旁边一个女人停止踏缝纫机，向母亲探过身，喊道："大姐，别给他！你供他们吃，供他们穿，供他们上学，还供他们看闲书哇！"接着又对着我喊："你看你妈这是怎么挣钱？你忍心朝你妈要钱买书哇？"

母亲却已将钱塞在我手心里了，大声对那个女人说："我挺高兴他爱看书的！"

母亲说完，立刻又坐下去，立刻又弯曲了背，立刻又将头俯在缝纫机板上了，立刻又陷入了忙碌……

那一天我第一次发现，母亲原来是那么瘦小！那一天我第一次觉得自己长大了，应该是个大人了。

我鼻子一酸，攥着钱跑了出去……

那天，我用那一元五角钱给母亲买了一听水果罐头。

"你这孩子，谁叫你给我买水果罐头的！不是你说买书，妈才舍不得给你这么多钱呢！"

那天母亲数落了我一顿。数落完，又给我凑足了买《青年近卫军》的钱。我想我没有权利用那钱再买任何别的东西，无论为我自己还是为母亲。

就这样，我有了第一本长篇小说。

自发利用"自力"服务自身和家庭成员，只是个体生活的独立；自发利用"自力"服务超出家庭成员的社会大众，才是社会的独立。孟子说"老吾老以及人之老"，社会的独立意味着个体不仅应该拥有"老吾老以及人之老"的意识，还应该拥有这种"老吾老以及人之老"的能力去履行社会责任，服务他人。

类似这种推动儿童养成服务大众、服务社会意识的课文不但数量上比较少，而且主要还停留在少数名人形象的选取和塑造上。比如20世纪30年代初商务印书馆的复兴国语教科书第2册课文《孙中山帮助做工》，世界书局国语读本课文《孙中山住在海边》《李寄斩蟒蛇》等，都是描写名人胸怀大众的形象。以1978年人民教育出版社全日制十年制课本为例，这套教科书第1册课文《过桥》塑造了雷锋形象：

雷锋小时候上学，要走过一座小桥。

有一天下大雨，雷锋和同学一起上学去。他们走到桥边，看见河水漫过了小桥。雷锋对小同学说："来，我背你们过桥。"雷锋把小同学一个一个地背过去。放学回家，他又把小同学一个一个地背过来。

第2册第22课《茅以升立志造桥》塑造了茅以升要造坚固的桥的形象。我国桥梁专家茅以升小时候，因为秦淮河上的桥被看龙舟比赛的人群压塌了，深受触动，立志长大以后要做一个造桥的人，造结结实实的大桥，永远不会倒塌！从此以后，茅以升特别留心各式各样的桥，细心收集有关桥的资料，经过长期的努力，终于实现了自己的理想，成为一个建造桥梁的专家。

第3册课文《收稻谷》描写了毛泽东从小就关心穷苦人的形象：

一个秋天的下午，毛泽东正在村庄的后山坡上放牛。忽然间，从山的背面涌来了一团团的乌云，转瞬之间，天色就暗了下来，眼看着就要下一场大雨了。

此时，他想到家里的稻谷正晒在场院里，只有父母亲是忙不过来的。于是他就赶着牛急急忙忙地往回走。刚走到村口时，豆大般的雨点儿就"噼噼啪啪"地落下来了。他路过毛四阿婆屋前，看见阿婆一个人正在抢收稻谷。他赶忙拴好牛，跑了过去帮助阿婆抢收稻谷。

有了他的帮助，阿婆家的谷子没有让雨水浸湿。

暴雨过去了，他牵着牛浑身湿淋淋地回到了家里。父亲责备他说："你怎么不早点来帮助家里抢收谷子呢？"他看着父亲生气的样子小声地说："我早就回来了。""那我怎么没有见到你？下雨了还不想到家里的谷子！"父亲奇怪地问。"刚才我在帮毛四阿婆收谷子了。"他看了看父亲，又继续说，"阿婆家只有那么一点儿稻谷，还要缴租，要是让雨给淋坏了，生活就更困难了。"

雷锋、茅以升和毛泽东都是有影响力的名人，名人自发服务他人的形象为儿童提供了效仿对象，激发了儿童向往和仰慕名人、伟人的情感。

利用"自力"服务大众、服务社会的意识是一种高境界的体现，小学语文教材中大部分利用"自力"提供服务的对象主要集中在家庭领域，其提供服务者多是凡人。尽管在清末民初，服务家庭领域对象的名人形象也有出现，如黄香侍亲、赵至孝亲等。但是，从整体上看，利用"自力"服务家人如父母、兄弟姐妹的形象，以及利用"自力"形成个体独立行为能力的形象，基本上集中在凡人形象上。比如全日制十年制教科书第1册第17课《小新的手》：

小新病了，直喊肚子疼。妈妈带他去看病。

医生问小新："你吃脏东西了吧？"小新说："没有。"医生看了看小新的手，手很脏；看了看小新的手指，指甲很长。医生一边给小新开药方，一边说："用脏手拿东西吃，是会生病的呀！"

小新记住了医生的话，他常剪指甲勤洗手，成了一个讲卫生的好孩子。

小新本来缺乏讲卫生的自立意识，但是，在他人引导下受到启迪而自悟，成为自觉讲卫生的孩子。类似这种利用自力服务自身及家庭成员的凡人形象，自民国成立以来，一直是教材重点推出的自发独立形象，而服务社会大众的凡人形象则几乎没有。

通过凡人自发形象的塑造，引导儿童区分"自力"和"他力"的教育，其意图旨在让儿童认识到，只有"自力"才是与自己终身相伴随的，才是可以由个体自由意志支配的；至于"他力"，尽管可以利用，但迟早会离开自己。如人教版义务教育实验教科书第9册课文《学会看病》就突出了这一教育意图：

我当过许多年医生，孩子有病，一般都是我在家里给治了，他几乎没有去过医院。这次，当我又准备在家里的储药柜里找药时，却突然怔住了。

"你长大了，你得学会看病。"我说。

"看病还用学吗？您给看看不就行了吗？"他大吃一惊。

"假如我不在家呢？"

"那我就打电话找你。"

"假如……你找不到我呢？"

"那我就……找我爸。"

这样逼问一个生病的孩子也许是一种残忍。但我知道，总有一天他必须独立面对疾病。既然我是母亲，就应该及早教会他看病。

"假如你最终也找不到你爸呢？"

"那我就忍着。反正你们早晚会回家的。"儿子说。

"有些病是不能忍的，早治一分钟是一分钟。得了病最应该做的事是上医院。"

"妈妈，您的意思是让我独自去医院看病？"他说。

"正是。"我咬着牙说，生怕自己会改变主意。

"那好吧……"他摸着脑门，不知是虚弱还是思考。

……

儿子摇摇晃晃地走了。从他出门的那一分钟起，我就开始后悔。我想我一定是世上最狠心的母亲，在孩子有病的候，不但不帮助他，还给他雪上加霜。我就是想锻炼他，也该领着他一道去，一路上指点指点，让他先有个印象，以后再按图索骥。这样虽说可能留不下记忆的痕迹，但来日方长，又何必在意这病中的分分秒秒呢？

……

终于，走廊上响起了熟悉的脚步声，只是较平日拖沓，我开了门，倚在门上。

"我已经学会了看病。打了退烧针，现在我已经好多了。这真是件挺麻烦的事，不过，也没什么大不了的。"儿子骄傲地宣布。然后又补充说，"您让我记的那张纸，有的地方顺序不对。"

我看着他，勇气又渐渐回到心里。我知道应该不断地磨炼他，在这个过程中，也磨炼了自己。

孩子，不要埋怨我在你生病时的冷漠。总有一天，你要离我远去，独自面对生活。

可见，推动儿童去审视和反思自身成长历程中的"自力"和"他力"，不但有助于儿童养成独立意识，而且有利于磨炼和提升儿童的独立行为能力。

二、基于自我知识和能力认可的自信形象

自信是个体对自身行为能力与价值充分估价和认识的一种内心体验，也称为自信心或自信感。它不但是个体走向成功的精神源泉，也是个体聪明才智得到充分发挥的重要保证。自信心的激发是个体活动成功的内在支柱和条件。自信心的发展是儿童自我意识不断成熟的标志。缺乏自信的人，往往容易轻视甚至漠视自身的能耐和竞争力。因此，有针对性地培养儿童的自信心，不仅能有效地促进儿童克服困难取得成功，而且有利于儿童的人格与社会性发展。在中外历史上，有许多天赋平平但勤奋耕耘而收获成功的事例，也有许多天资过人但沉溺疏懒而才尽力竭平庸沦落的案例。自信形象的塑造，虽然必须兼顾这两个方面，但主要是以前者为主，引起学生情感上的共鸣，激发儿童的潜能。

自信心与志向和抱负水平有密切的关系。儿童可能受某种生理或心理上的局限，或者由于自身所处的社会环境与条件无优势可言，甚至可能存在相当大的劣势，致使其需要和动机停滞在较低水平上，在一些本来可以完成的活动和行动面前自信心不足，甚至出现一种"平生无大志"和"凡事无所谓"的心理状态，导致成就动机不强或不高。最早研究成就动机的心理学家默里将成就需要定义为：克服障碍，施展才能，力求尽快尽好地解决某一难题。高成就动机者在没有外力控制的环境下仍能

保持好的表现，在经历失败的过程中，在任务的坚持性上比低成就动机者强。成功则增强了高成就动机者的自信心，使他们更相信自己的能力，更加努力地去完成任务，一旦失败，他们也会认为是自己的策略不合适，付出的努力不足，而不会将失败视为缺少能力；低成就动机者的自信心不强，倾向于外归因，总是认为自己的能力有限，没有付出足够的努力，于是导致一次又一次的失败。这就必须拓宽儿童的视野，激发儿童较高层次的需要，引导儿童确立"有志者，事竟成"的信念，推动产生较高层次的期望和动机，以提高儿童的成就动机水平。如人教版义务教育课程标准实验教科书五年级下册的课文《梦想的力量》，写了一个6岁的加拿大男孩瑞恩·希里杰克听到老师说非洲有许多孩子因为喝不上干净的水而死去后，决心"要给非洲的孩子挖一口井，让他们有干净的水喝"。可是挖一口井需要70加元钱，这可是一笔不小的数目，他妈妈不肯直接给，叫瑞恩通过做额外的家务活来挣取。于是，瑞恩在家人出去娱乐玩耍的时候，自己留下来为地毯吸尘，擦窗子，爷爷知道瑞恩的梦想，雇他去捡松果；暴风雪过后，邻居们请他去帮忙捡落下的树枝；考试取得好成绩，爸爸给了奖励……瑞恩把所有得到的钱，都放进了那个饼干盒里。辛辛苦苦挣够了70加元后，瑞恩抱着装有零钱的饼干盒，把它交给募捐项目的负责人。

"太谢谢你了，瑞恩！"项目负责人接过捐款，向瑞恩介绍了在非洲进行的"洁净的水"募捐项目。最后，她不好意思地说，70加元其实只能买一个水泵，挖一口井得要700加元。瑞恩还小，他不知道700加元是个多大的数目，他只是兴奋地说："那我再多干些活来挣更多的钱吧！"

可是，让瑞恩通过干活来攒够700加元，实在是太难了。尽管如此，瑞恩并没有放弃。妈妈的一位朋友被瑞恩的坚持不懈感动了，她决定帮帮这个富有同情心的孩子，于是她把瑞恩的事写成文章，登在当地的报纸上。很快，瑞恩的故事传遍了加拿大。

一周以后，瑞恩收到了一张 25 加元的支票。没过多久，另外一张支票寄到了。从此以后，瑞恩不断收到捐款，在短短的两个月的时间里，瑞恩筹齐了可以打一口井的钱。

当初瑞恩的一个信念和梦想，不但促成打好了第一口井，而且还发动了更多的人为打井募捐，成立了"瑞恩的井"基金会，不断为非洲国家的打井事业提供资金支持。瑞恩的形象拓展了儿童的认识视野，这种基于个体自信和决心去谋事、做事的形象，对提升儿童的志向和抱负水平有相当积极的影响。自信形象的另一方面就是引导儿童全面正确认识自身优势。

此外，自信形象的塑造还必须多让儿童发现自身优势，获得成功体验。教材应重视塑造利用自身知识和能力解决问题、完成任务的形象，以培养儿童面对困难不退缩，遭遇挫折不气馁的信念。纵观清末以来的小学语文教材，涉及这类自信形象的课文相对较少。1906 年最新初等小学国文教科书第 9 册课文《美国二缝工》：

约翰逊业缝工，被举为议员，尝在稠人广坐中议论政务，侃侃而谈，座中忽有呼者曰：尔缝工耳，今日亦来与议乎？约翰逊从容而言曰：君以余为缝工乎，始余从事此业，为人制衣，未尝不谨，所约之期，又不或爽，然则缝工固何损于余也。座中皆默然，莫能屈。后为美国总统，有名于时。

何伯孙亦缝工也，偶行经海滨，见军舰演习，心忽动，欲投身海军，以建奇功，乃乘小舟诣军舰，请执役。舰长许之。何伯孙勤于其职，积劳至大将，率军舰与西班牙战于海上，打破之，以神勇鸣一时。功成归故乡，仍至执业所，日处陋室中。未尝有骄矜之色，见者不知其曾为大将也。

约翰逊和何伯孙不为自身的不利地位而自卑，敢于挑战世俗认识，成就了功业，正是基于对自身知识和能力的自信。这在缺乏自信者或世俗的眼光中，属于不自量力或癞蛤蟆想吃天鹅肉的行为。这种行为意识对个体的人生发展是一种持久的信念动力，有利于养成积极的人生态度。

还有 1915 年中华民国初等小学用 (订正) 最新国民学校国文教科书第 8 册课文《力学》写了一个缺乏自信，被同学取笑为钝人的儿童，面对诵诗比赛畏难而哭，后在他人启发下发奋学习，最后争得第一的故事：

童子自念曰：吾力虽不及童，何至不如蜗牛，于是旦夕勤读不息。及期，将颁赏，群童咸集颂此诗，毕五六人后，及至此童，众皆腾笑，以为必格格不出口。然童背诵时，竟不舛一字。师曰：尔颂诗佳。迨全班俱毕，童第一，得上赏。

类似这些自信形象，在当今义务教育课程标准实验教科书中不多。语文出版社义务教育课程标准实验教科书第 7 册课文《小泽征尔的判断》写出了小泽征尔的自信形象。小泽征尔去欧洲参加指挥大赛，评委们让他指挥一场乐谱有问题的演奏，目的是试探指挥家是否能够坚信自己的正确判断。他们认为只有具备这种素质的人，才是真正的世界一流的音乐指挥家。前面的参赛者虽然也发现了问题，但是在国际音乐大师面前，都放弃了自己的意见。只有小泽征尔不迷信权威，相信自己，果敢地做出正确的判断，因而获得了这次大赛的桂冠。

人教版义务教育课程标准实验教科书课文《检阅》《掌声》虽然涉及了自信形象，但主要是身体残疾者的自信。《检阅》描写了左腿截肢后博莱克自信地走在国庆游行队伍的第一排，受到了观众的赞赏：

队长洪亮的声音打破了沉默的局面："队员们！如果把博莱克放在队伍第一排，让大家都能看见他，怎么样？他虽然腿不方便，可仍然是儿童队员，还不是一般的队员！"

"太棒了！这才叫儿童队呢！别的队肯定会羡慕我们，第一排走着一名拄拐的儿童队员。"一个队员大声说。

大家脸上露出笑容，情不自禁地鼓起掌来。

国庆节到了。多么盛大的节日！多么隆重的检阅！街道上人山人海，楼房上彩旗飘扬，主席台上站满了国家领导人和外国贵宾。

步兵过去了，炮兵过去了，青年组织的队伍也通过了主席台。现在轮到儿童队员了。

在队伍的第一排，紧跟在队长后面走着一名拄拐的男孩，看来，他肯定忘记了自己在拄拐。他同全队保持一致，目视右方，睁着大眼睛望着检阅台。

检阅台上的人和成千上万名观众的视线都集中在这一队，集中在这位小伙子身上了。

"这个小伙子真棒！"一名观众说。

"这些小伙子真棒！"另一名观众纠正说。

长时间的掌声淹没了观众的议论声。

《掌声》讲述了一个患小儿麻痹症的女孩英子，因为第一次上台时获得了同学的掌声而逐步改变抑郁性格，课文这样描述：

一天，老师让同学们轮流上讲台讲故事。轮到英子的时候，全班的目光一齐投向了那个角落，英子立刻把头低了下去。老师是刚调来的，还不知道英子的情况。

英子犹豫了一会儿，慢吞吞地站了起来，眼圈红红的。在全班同学的注视下，她终于一摇一晃地走上了讲台。就在英子刚刚站定的那一刻，教室里骤然间响起了掌声，那掌声热烈而持久。在掌声里，我们看到，英子的泪水流了下来。掌声渐渐平息，英子也镇定了情绪，开始讲述自己的一个小故事。她的普通话说得很好，声音也十分动听。故事讲完了，教室里又响起了热烈的掌声。英子向大家深深地鞠了一躬，然后，在掌声里一摇一晃地走下了讲台。

从那以后，英子就像变了一个人似的，不再像以前那么忧郁。她和同学们一起游戏说笑，甚至在一次联欢会上，还让同学们教她跳舞。

从课文具体内容可以看出，这些涉及自信形象的课文实际上体现的教育主题是对残疾人的关爱，而不是个体自信的教育。

三、基于自我人生态度和价值观处世的自强形象

个体作为社会中存在的人，其举止神情以及对于事情的看法和行动往往被统称为态度，由于它影响到个体与社会群体及他人的关系和情绪，影响到社会群体及他人对个体的认可和信任，因此也就有了"态度决定成败""态度决定一切"的说法。心理学上则把态度理解为一种心理倾向、心理组织或心理准备，至于态度的具体内容和结构在不同的理论视野下有不同的认识。自我人生态度是关于人为什么活、如何活的认识，主要指自我如何度过从生到死这一历程中的意愿和行为倾向，既涉及个体作为生物人的看法和行为，也涉及个体作为社会人的看法和行为，是个体通过自我生活实践和学习形成的关于人生问题的一种稳定心理倾向和基本意愿，其核心是人生价值观。中国人习惯把人生态度笼统地分为"出世"与"入世"两种，但各人根据自我的人生经历会有不同的看法。比如，梁漱溟先生在《我的人生哲学》就围绕人对于物的问题，人对于自己本身的问题，人对于人的问题，把人生态度分为逐求、厌离、郑重三种态度，并认为每种态度皆有深浅。教育是引导个体形成自我人生态度的重要影响力量，教材中提供的个体自我人生态度往往是社会主流的，为许多人所认同的人生态度，有利于推动儿童形成积极的自我人生态度。

自强，就是我国儒家倡导的一种积极人生态度，《周易》乾卦："天行健，君子以自强不息"，《礼记·学记》则提出"知困，然后能自强"的认识，可见，自强是与不停歇、不畏难的执着追求联系在一起的，这种追求可以向外指向社会，也可以向内指向自身。

指向社会的自强主要是指对职业能力、事业奉献、理想信念的执着。这一类自强形象与儿童的经验和兴趣联系不紧密，在小学语文教材中选文较少。

指向自身的自强主要是指自我人生价值观的凝练和筑牢，形成正确的义利观，正如孟子所说"生，亦我所欲也，义，亦我所欲也；二者不

可得兼，舍生而取义也"。小学语文教材中的自强形象以这类为主。1919年，北京教育调查会推出教育宗旨研究案，提出"养成健全人格"的条件之一：私德为立身之本，公德为服务社会国家之本。

指向自身的自强可以理解为"私德"，它是一种基于自我人生态度和价值观的立身之本。如清末最新国文教科书第10册第30课《坚定》：

某国有一少年，在兵营为鼓手，一日，大操毕，将校会宴，少年侍坐行酒，大将欲慰之，与酒曰：汝亦尽一杯。少年辞曰：吾不嗜酒。大将曰："汝终日鼓手甚劳，少饮酒以舒之，无害。"少年固辞不饮。大将不悦，副将在旁曰："汝胡违大将命？违大将之命者，不可为兵。"于是少年正容曰："吾入伍已三年，未尝一违将命，然饮酒非兵士职，且害于身，故不能从。"于是副将怪之，欲试少年，故厉声曰："汝必饮一杯，是军令也，违令将斩汝。"少年改容曰："军令不胜恐惧，然有故不能从。昔者，吾父以酒获疾，遂不起，吾入营时，吾母戒曰：'汝终身勿饮酒'，虽有大将之命，不能破慈母之戒。"声泪俱下。座中将校，莫不感动，由是少年益受大将信任，遂被擢用。

该少年不受外在利益的诱惑或强力威胁的影响而改变其立身之本，因而受到大将的赏识重用。

指向社会的自强可以理解为"公德"，公德为服务社会国家之本。为国家和民族贡献自己的聪明才智，提升国家地位和民族荣誉。如课文《詹天佑》中詹天佑的形象。詹天佑是我国杰出的爱国工程师。从北京到张家口这一段铁路，最早是在他的主持下修筑成功的。这是第一条完全由我国的工程技术人员设计施工的铁路干线，不满四年就全线竣工，比原计划提早了两年。这对藐视中国的帝国主义者是一个有力的回击。课文这样描述：

1905年，清政府任命詹天佑为总工程师，修筑从北京到张家口的铁路。消息一传出来，全国轰动，大家说这一回咱们可争了一口气。帝国主义者却认为这是个笑话。有一家外国报纸轻蔑地说："能在南口以北修筑铁路的中国工程师还没有出世呢。"原来从南口往北过居庸关到八达岭，一路都是高山深涧、悬崖峭壁。他们认为，这样艰巨的工程，外国著名的工程师也不敢轻易尝试，中国人是无论如何也完成不了的。

詹天佑不怕困难，也不怕嘲笑，毅然接受了任务，马上开始勘测线路。……为了寻找一条合适的线路，他常常请教当地的农民。遇到困难，他总是想：这是中国人自己修筑的第一条铁路，一定要把它修好；否则，不但那些外国人要讥笑我们，而且会使中国的工程师失掉信心。

还有课文《一定要争气》中童第周的形象，既是指向自身的自强，比如他中学时文化基础差，学习很吃力，但他发奋自强，取得了令人刮目的成绩；也是指向社会的自强，他在国外为国争光。

童第周 28 岁的时候，得到亲友的资助，到比利时去留学，跟一位在欧洲很有名的生物学教授学习。一起学习的还有别的国家的学生。旧中国贫穷落后，在世界上没有地位，中国学生在国外被同学瞧不起。童第周暗暗下了决心，一定要为中国人争气。

那位教授一直在做一项实验，需要把青蛙的卵的外膜剥掉。这种手术非常难做，要有熟练的技巧，还要耐心和细心。教授自己做了几年，没有成功；同学们谁都不敢尝试。童第周不声不响地刻苦钻研，他不怕失败，做了一遍又一遍，终于成功了。教授兴奋地说："童第周真行！"

这件事震动了欧洲的生物学界。童第周激动地想："一定要争气。中国人并不比外国人笨。外国人认为很难办的事，我们中国人经过努力，一定能办到。"

指向自身的自强大概有个人英雄主义的倾向，因此小学语文教材对这类有关"私德"的形象非常少，全日制十年制课本有一篇《陶佳学英语》的课文，但以后就再也没有选用了。这篇课文塑造了一个叫"陶佳"的凡人形象，她别的功课都挺好，就是英语跟不上，于是发奋学习英语：

每天放学以后，我们做完别的功课，就一块儿温习英语。陶佳学得可认真了。有些单词的音她读不准，我就帮她一遍又一遍地校正发音。

陶佳把小闹钟放在床头上。每天清早闹钟一响，她就起来读英语。她把学过的单词抄在小本子上，一有空就掏出来念。为了校正发音和多学些新词，她还天天坚持听英语广播讲座。

一个星期天，我去找陶佳打羽毛球，老远就看见她在地上写着什么。走近一看，她正在默写"老师"这个词，有几个字母写不出。我刚要给她指出来，她摆摆手不让我说。过了一会儿，她把这个词默写出来了。我说："你简直成了英语迷了。"她笑着说："多默写一遍就多巩固一遍。不加把劲，我怎么能赶上大家呢？"

有一次，我们俩到文具店去买本子。陶佳指着柜台里的学习用品，用英语对我说：这是铅笔和钢笔，那是橡皮和小刀。还问我说得对不对。售货员阿姨看她那样认真，赞许地笑了。

期末，英语老师对大家说："这学期，陶佳的英语进步很快。她的学习精神和学习方法，值得大家学习。"我回想起这半年来陶佳学英语的情景，心里充满了对她的敬佩。

自强的动力来自于个体的内在价值观。什么行为值得努力去付出，为实现什么目标而奋斗，这取决于个体对价值和主客体关系的理解和认识，其本质是个体修身带来的精神动力。南宋朱熹在《白鹿洞书院揭示》中对个体的修身之要提出："言忠信，行笃敬，惩忿窒欲，迁善改过"。尽管这是"敬敷五教"在个体修身上的要求，不过，也可以看作个体自我人生态度和价值观在自强行动上的体现。像前面课文《坚定》中的少年，宁愿违抗大将的命令也不违背母亲的告诫，体现了对人生态度和价值观的忠信。詹天佑克服困难修路以及童第周发奋图强的行为则体现了对事业追求的专注和不懈努力。自强除了有外在言行的体现之外，还有善于控制自身情绪和欲望的一面，也就是成为自身情绪和欲望的主宰者，而不是情绪和欲望的奴隶。自强地调节情绪和欲望，"惩忿窒欲，迁善改过"，使之合规合目的，不至于偏离自身的人生态度和价值观。

四、基于自我人格和声誉立世的自尊形象

几千年前，孟子提出"大丈夫"人格：富贵不能淫，贫贱不能移，威武不能屈（《孟子·滕文公下》）。可以说，人格尊严在中国社会文化中一直备受推崇，但是，在学校教育中，由于"上所施，下所效"的教育观，学生的人格地位和学习主体地位并没有在舆论中得到足够的重视。中华民国成立，结束了封建专制制度，个体的独立人格和学习主体地位成了社会议论和关注的主题之一。民国第一任教育总长蔡元培就说："君主时代之教育方针不从受教育者本体上着想，用一个人主义或用一部分人主义，利用一种方法驱使受教育者迁就他之主义。民国教育方针应从受教育者本体上着想，有如何能力方能尽如何责任，受如何教育始能具如何能力。……君主时代之教育，不外利己主义，君主或少数人结合之政府，以其利己主义为目的物，乃揣摩国民之利己心，以一种方法投合之，引以迁就于君主政府之主义。如前清时代承科举余习，奖励出身，为驱诱学生之计，而其目的，在使受教育者皆富于服从心保守心，易受政府驾驭。"[12]

蔡元培强调民国教育要围绕"国民"而设，国民对于国家、社会、世界、家庭有一定的责任、义务和权利。权利由义务生，人类所最需要的是能履行种种责任的能力，因此，他认为，"教育家之任务，即在为受教育者养成此种能力，使能尽完全责任"。在蔡元培看来，有能力承担各种责任、义务和权利者，方为有独立人格的国民。1915 年商务印书馆《（订正）最新国文教科书》第 8 册第 1~3 课的标题均是《独立自尊》，如《独立自尊一》：蓬生麻中，非不直也，然或刈其麻，则蓬因之而折矣。萝施

[12] 朱有瓛.《中国近代学制史料》第三辑上册 [M].上海：华东师范大学出版社，1990:7.

松上，非不高也，然或伐其松，则萝与之俱偃矣。人之不能自立也，亦然。智不足以效一官，而馋事权要，以得禄位，能不足以营一业，而依附亲戚，以谋衣食。一旦权要失职，亲戚死亡，则吾之禄位衣食亦随之澌灭矣。均是人也。吾苟移谄事之精神，以求知识，移依附之光阴，以练技艺，曾何虑职业之不胜任，而世不吾需也。

人格，在《现代汉语词典》里有 3 种释义：①人的性格、气质、能力等特征的总和；②个人的道德品质，如人格高尚；③人作为权利、义务主体的资格。本书主要采用第 3 种释义。当个体作为权利、义务主体的资格受到挑战、忽视或被剥夺时，为维护和彰显这一资格而采取的一切言行，都是塑造基于自我人格的自尊形象。比如，人教社义务教育课程标准实验教科书第 8 册课文《尊严》，讲述了石油大王哈默年轻时，以自己的言行维护了个人尊严，赢得了别人尊重，从而改变了自己命运的故事。这本是一个彰显人格尊严的很有感染力的形象，可惜，因有人质疑文中事件有失实"造假"之嫌而在后来的修订中不再选用。课文原文如下：

一个寒冷的冬天，美国南加州沃尔逊小镇上来了一群逃难的人。他们面呈菜色，疲惫不堪。善良而朴实的沃尔逊人，家家烧火做饭，款待他们，这些逃难的人，显然很久没有吃到这么好的食物了，他们连一句感谢的话也顾不上说，就狼吞虎咽地吃起来。

只有一个人例外，这是一个脸色苍白、骨瘦如柴的年轻人。当镇长杰克逊大叔将食物送到他面前时，他仰起头问："先生，吃您这么多东西，您有什么活需要我做吗？"杰克逊大叔心想，给逃难的人一顿饭吃，每个善良的人都会这么做。于是他回答："不，我没有什么活儿需要您做。"

这个年轻人的目光顿时灰暗了，他的喉结上下动了动，说："先生，那我不能吃您的东西，我不能不劳动就得到这些食物！"杰克逊大叔想了想，说："我想起来了，我家确实有一些活儿需要您帮忙。不过，等您吃过饭，我再给您派活儿。"

"不，我现在就做，等做完了您的活儿，我再吃这些东西！"年轻人站起来说。杰克逊大叔十分赞赏地望着这个年轻人，他知道如果不让他干活儿，他是不会吃东西的。思量片刻后，杰克逊大叔说："小伙子，你愿意为我捶捶背吗？"说着就蹲在这个年轻人跟前。年轻人也蹲下来，轻轻地给杰克逊大叔捶背。

捶了几分钟，杰克逊大叔感到十分惬意。他站起来说："好了，小伙子，你捶得好极了，刚才我的腰还很僵硬，现在舒服极了。"说着将食物递给了这个年轻人。年轻人立刻狼吞虎咽地吃起来。杰克逊大叔微笑地注视着这个年轻人，说："小伙子，我的庄园需要人手，如果你愿意留下来的话，我太高兴了。"

年轻人留了下来，杰克逊大叔还把自己的女儿许配给他。这篇课文的末尾还加了一句：20多年后，这个年轻人果然拥有了一笔让所有美国人羡慕的财富，他就是石油大王哈默。哈默是历史名人，其事件牵涉真假问题，假如课文中的事件纯粹当成一个虚构故事附在一个虚构的人物身上，这一尊严形象对儿童还是很有感染力的。

人作为权利和义务主体的资格，是基于社会环境考量的。这一资格意味着个体作为人存在的社会声誉，一旦受到侵犯和剥夺，将无颜面立世。当然，对这一资格的认知和理解不尽相同。有些课文从物质层面去认识尊严，有些课文则从精神层面去理解尊严。如人教版义务教育课程标准实验教科书第9册课文《万年牢》，塑造了父亲的自尊形象，父亲是制作糖葫芦的好手，选料实在，不掺假，即使受雇于他人，也不愿屈服于老板的指令而改变这一行事准则，影响自己制作糖葫芦的声誉。民国时期的商务版共和国教科书新国文高等小学生用乙种第2册课文《自立》则主要从精神层面去理解人格尊严：

　　凡物莫不有死，草木鸟兽昆虫，有朝生而暮死者，有春夏生而秋冬死者，有十年百年千年而死者，虽有迟速，相去曾几何时？唯人亦然，方其生时，劳之以所为，淫之以所好，汩之以所思，其经营不已，若无复有尽期者，及其气散而死，则骨髓然不能肉其骨，与草木鸟兽昆虫之变灭，何异乎？君子知之，故不以形体之有无生死，而以志气之消长为生死。吾今日形体无恙，而志气已竭，斯为死矣，吾志气配乎道义，发乎文章，且以天地同流，而奚有形体乎？故简策乎所载古圣贤人，虽死已久矣，而其辉光常如日星之烂然，盖其人至今存也，然则死而不死，亦在人之自为之而已，士宜何如自立哉！

　　作为人的资格，与其他动物的最大区别，就是精神永存。一个人的肉体消失是必然的，尽管存世时间长短不一，但肉体存在的自立在于精神，唯有志气配乎道义，奠定人格尊严，才能长存于世。

第四章 小学语文教材中的榜样形象

榜样,《现代汉语词典》的解释是:"作为效仿的人或事例(多指好的)"。也就是说,榜样的表象成分多是积极的,一般指受到赞扬和肯定的人,旨在推动儿童形成积极的人生态度和价值观。尽管儿童态度的形成或改变受到各种社会力量、风俗和经验的影响,但是,儿童早期的家庭环境和学校教育是其他力量替代不了的重要基础,其是家庭和学校中提供的人物榜样示范。美国教育心理学家加涅认为,个体态度的改变有三个条件:经典性条件作用,对行为成功的知觉,人物榜样示范。在小学阶段,儿童对人物的模仿可以在许多学习情境中出现,如图片、电影电视、文字描述等,其中对教科书的学习是儿童接触社会,学习社会文化的最主要的情景,它不但可以整合儿童经验中有关态度改变的情景和需要的各种条件,而且可以为儿童提供丰富多样的、具体的学习和模仿对象,比如,作为儿女,对父母要尽孝;作为公民,积极倡导自由平等公正法治,对社会和国家要尽责尽忠;作为社会群体中的一员,相互之间要守信;等等。从社会结构与社会秩序的整体角度来看,每个个体在社会上都承担着多种角色,基于不同的场合、不同的环境、不同的关系,角色是在变动的,教科书的通常做法是选取体现社会价值观的有感染力的榜样呈现给受教育者,力求创造许多通过榜样改变态度的学习条件,为每个确定的角色提供社会化榜样。

作为学校环境中教师进行教学、学生进行学习的主要载体和材料,语文教科书承载着国家意志、民族文化、社会主流价值的倡导和传承,其所提供的榜样形象不但对儿童具有熏陶感染作用，更是儿童社会化的重要推动力量以及儿童对自身角色认知和确立未来发展方向的重要依据。

一、小学语文教材中榜样形象的类型

榜样形象的类型，可以从性别、场景、年龄、职业、价值观等不同的维度进行划分，比如，从性别维度，可以分为男性形象和女性形象；从年龄维度，可以分为儿童形象和成人形象；从国别维度，有中国人形象和外国人形象；等等。一些研究分别基于不同版本的教科书的统计分析，认为小学语文教科书存在诸如人物形象的性别不平等、不均衡以及成人化的倾向。本书拟结合社会主义核心价值观体系，对人教版义务教育课程标准实验教科书小学语文 12 册中的榜样形象进行统计分析。2017年 10 月 18 日，习近平同志在十九大报告中指出，要培育和践行社会主义核心价值观。要以培养担当民族复兴大任的时代新人为着眼点，强化教育引导、实践养成、制度保障，发挥社会主义核心价值观对国民教育、精神文明创建、精神文化产品创作生产传播的引领作用，把社会主义核心价值观融入社会发展各方面，转化为人们的情感认同和行为习惯。坚持全民行动，干部带头，从家庭做起，从娃娃抓起。深入挖掘中华优秀传统文化蕴含的思想观念、人文精神、道德规范，结合时代要求继承创新，让中华文化展现出永久魅力和时代风采。

由于这套教科书牵涉的榜样形象众多，为了让分析更具针对性，下面只是结合个人层面的价值观，对教材中出现的古今中外的真实名人榜样以及虚构的凡人榜样进行分析。至于神话传说或名著中的榜样形象，如夸父、女娲、普罗米修斯、孙悟空等虽然也是虚构的，但已经成了大家熟知的特定形象，故也当作真实名人看待。有些课文虽然也牵涉一些人物形象，但其中的人物并不是作为效仿的榜样形象进行塑造的，而是为了介绍某种历史事实而出现的，比如《开国大典》《把铁路修到拉萨去》《再见了，亲人》中的人物等，所以不列入研究对象。

（一）真实的名人榜样形象

人教版义务教育实验教科书小学语文 12 册中总共有课文 424 篇，包含选读课文。其中出现了真实名人的课文有 69 篇，占比不到 17%。具体见表 4-1：

表 4-1　人教版小学语文义务教育实验教科书 12 册教材中涉及的榜样人物形象课文的统计

教材（年级）	课文总篇数（含选读课文）	涉及真实名人的课文	名人榜样形象
一年级上册	20+1	-	-
一年级下册	34+5	《邓小平爷爷植树》《司马光》《称象》《吃水不忘挖井人》《王二小》	邓小平，司马光，曹冲，毛主席，王二小
二年级上册	34+6	《难忘的一天》	邓小平爷爷
二年级下册	32+6	《雷锋叔叔，你在哪里》《难忘的泼水节》《动手做做看》《邮票齿孔的故事》《画家和牧童》《蜜蜂引路》《数星星的孩子》《爱迪生救妈妈》《画鸡蛋》	雷锋，周总理，郎志万，阿切尔，戴嵩，列宁，张衡，爱迪生，达·芬奇

续表

教材 （年级）	课文总篇数 （含选读 课文）	涉及真实名人的课文	名人榜样形象
三年级 上册	32+8	《灰雀》《小摄影师》《奇怪的石头》《我不能失信》《玩出了名堂》《孔子拜师》《盘古开天地》《一幅名扬中外的画》《不懂就要问》《做风车的故事》《神笔马良》	列宁，高尔基，李四光，宋庆龄，列文虎克，孔子，盘古，张择端，孙中山，牛顿，马良
三年级 下册	32+8	《惊弓之鸟》《西门豹》《女娲补天》《夸父逐日》《手术台就是阵地》《除三害》	更羸，西门豹，女娲，夸父，白求恩，周处
四年级 上册	32+8	《世界地图引出的发现》《为中华之崛起而读书》《那片绿绿的爬山虎》《真实的高度》	魏格纳，周恩来，叶圣陶，小仲马
四年级 下册	32+8	《尊严》《两个铁球同时着地》《全神贯注》《纪昌学射》《扁鹊治病》《文成公主进藏》《普罗米修斯》《黄继光》《到期归还》	哈默，伽利略，罗丹，纪昌，扁鹊，文成公主，普罗米修斯，黄继光，毛泽东
五年级 上册	28+8	《青山处处埋忠骨》《狼牙山五壮士》《毛主席在花山》《鞋匠的儿子》	毛泽东，五壮士，毛主席，林肯

续表

教材 （年级）	课文总篇数 （含选读 课文）	涉及真实名人的课文	名人榜样形象
五年级 下册	28+5	《杨氏之子》《晏子使楚》《将相和》《草船借箭》《景阳冈》《猴王出世》《孔明智退司马懿》	杨氏子，晏子，蔺相如，廉颇，孔明，武松，孙悟空，孔明（诸葛亮）
六年级 上册	28+8	《詹天佑》《我的伯父鲁迅先生》《一面》《伯牙绝弦》《月光曲》《蒙娜丽莎之约》《军神》	詹天佑，鲁迅，鲁迅先生，伯牙，贝多芬，达·芬奇，刘伯承
六年级 下册	21	《十六年前的回忆》《为人民服务》《一夜的工作》《跨越百年的美丽》《真理诞生于一百个问号之后》	李大钊，张思德，周总理，居里夫人，谢皮罗，波义耳，奥地利医生

在这些课文中，有些名人还不是作为主要对象来进行塑造的，如课文《画家和牧童》中的戴嵩以及《称象》中的曹操，《灰雀》中的列宁等，他们都只是作为配角出现。还有通过介绍作品来间接介绍作者形象的，如《一幅名扬中外的画》通过介绍清明上河图而间接引出张择端，《蒙娜丽莎之约》通过介绍蒙娜丽莎引出达·芬奇，都没有对名人榜样形象进行直接的刻画。至于神话传说或名著中的榜样形象，如夸父、女娲、普罗米修斯、孙悟空、武松、孔明、马良等，其选取的初衷也不在于给儿童提供效仿对象，而在于让儿童了解人物形象本身所承载的文化知识

和文学常识。因此，真正出现在课文中旨在给儿童提供效仿对象的名人，只有 50 位（五壮士作为一个整体来看）：邓小平、司马光、曹冲、毛主席、王二小、雷锋、周总理、郎志万、阿切尔、列宁、张衡、爱迪生、达·芬奇、高尔基、李四光、宋庆龄、列文虎克、孔子、孙中山、牛顿、马良、更赢、西门豹、白求恩、周处、魏格纳、叶圣陶、小仲马、哈默、伽利略、纪昌、扁鹊、文成公主、黄继光、五壮士、林肯、杨氏子、晏子、蔺相如、詹天佑、鲁迅、伯牙、贝多芬、刘伯承、李大钊、张思德、居里夫人、谢皮罗、波义耳和奥地利医生。

社会主义核心价值观体系中个人层面的价值观涵盖"爱国，敬业，诚信，友善"等四方面。课文中的 50 位名人榜样形象，以爱国为主题进行具体刻画和呈现的有王二小、周恩来（《为中华崛起而读书》）、文成公主、黄继光、五壮士、毛主席（《青山处处埋忠骨》）、晏子、詹天佑、李大钊；以敬业为主题刻画的人物形象，包括做事专注、善于思考、好学自省、具有坚强意志的形象，有邓小平、司马光、曹冲、周总理（《难忘的泼水节》《一夜的工作》）、郎志万、阿切尔、列宁、张衡、爱迪生、达·芬奇、李四光、列文虎克、孔子、西门豹、周处、白求恩、魏格纳、伽利略、纪昌、扁鹊、杨氏子、刘伯承、居里夫人、谢皮罗、波义耳和奥地利医生等；《跨越百年的美丽》刻画了为科学事业而献身的居里夫人的形象，《真理诞生于一百个问号之后》展示了谢皮罗、波义耳如何开展科学探究。至于以诚信形象呈现的有宋庆龄、小仲马、毛泽东（《到期归还》）、林肯、伯牙等；以友善形象呈现的有叶圣陶、雷锋、毛主席（《毛主席在花山》）、蔺相如、鲁迅（《我的伯父鲁迅先生》《一面》）等。

从上面的统计分析可以看出，这套教科书在爱国形象榜样的选取上，还可以适当选取具有刚正不阿和无私奉献精神的健在者，以及增加为民族独立、人民解放和国家富强而献身的革命烈士，尤其是那些因饱受外族欺负和凌辱而奋起抗争的革命烈士。2018 年 4 月 27 日，第十三届全国人民代表大会常务委员会第二次会议通过《中华人民共和国英雄烈士保护法》，决定每年 9 月 30 日为烈士纪念日。增加这类课文一方面有利于学校开展相关的纪念活动，另一面也有利于在全社会营造缅怀英雄烈士的浓厚氛围。在敬业形象的选取上，可适当增加近现代致力于科学研究的中国人以及在商业应用中开创了新领域、新模式的成功人士，尤其是那些在科学技术研究和发展上做出了重要贡献的名人。其实，除李四光之外，还有很多在中国文化浸润下成长起来的科学家，其成就无论是在国内或国外均可考虑选取，以播种中国文化的自信种子，潜移默化影响儿童的成长。在诚信形象的呈现上可以适当选取商业、竞技、演艺等领域的形象，不必只局限于政治家和文学家。在友善形象方面，通过选取一些生活小事来刻画名人的友善品质，如毛主席关心群众生活，鲁迅关心小人物的遭遇等，这些做法都很好。同时在名人与小人物的关系方面，可以不必局限在小人物的生理需求和安全需求方面得到了名人的关怀，还可以适当增加一些名人尊重小人物的人格独立和尊严等精神需求方面的事例。

（二）虚构的凡人榜样形象

教材中的课文提供给儿童的效仿对象，除了真实的名人之外，还有凡人以及人格化的动植物。相比较而言，凡人的各种属性包括人名、性别、事件、时间和环境等方面的设置都具有最大的自由度，甚至连人格化的动植物都还受着固有认识模式的局限，如狐狸的狡猾、老牛的憨厚、蜜蜂的勤劳等。为此，凡人榜样形象成了每一套教科书中分量最大、寄寓教育主题最多的人物形象。下面是对涉及凡人榜样形象的课文以及凡人榜样形象称呼的统计，其中榜样形象的称呼采用人称代词比如我、你、他、我们等，或采用人伦辈分的称呼，如爸爸（父亲）、妈妈（母亲）、儿子、孙女、爷爷、奶奶、姐姐、弟弟、姥姥、叔叔的只列出课文，不作称呼的统计。

表 4-2　人教版小学语文义务教育实验教科书 12 册教材中涉及的
凡人榜样人物形象的课文统计

教材（年级）	课文总篇数（含选读课文）	涉及凡人榜样形象的课文	凡人榜样形象的称呼
一年级上册	20+1	《平平搭积木》《借生日》	平平，小云
一年级下册	34+5	《胖乎乎的小手》《棉鞋里的阳光》《月亮的心愿》《失物招领》《画家乡》《小伙伴》《手捧空花盆的孩子》《兰兰过桥》《火车的故事》《好孩子》	兰兰，小峰，珍珍，张爷爷，涛涛，山山，平平，青青，京京，安东，雄日，兰兰的爷爷，小明，小梅
二年级上册	34+6	《我选我》《窗前的气球》《清澈的湖水》《浅水洼里的小鱼》	王宁，科利亚的伙伴，小洁，小男孩
二年级下册	32+6	《我不是最弱小的》《卡罗尔和她的小猫》《画风》《充气雨衣》《最大的“书”》《画家和牧童》《玩具柜台前的孩子》《玲玲的画》	萨沙，卡罗尔，宋涛，陈丹，赵小艺，小林，川川，牧童，玲玲
三年级上册	32+8	《灰雀》《找骆驼》《掌声》《给予树》《好汉查理》《六个矮儿子》《信箱》	小男孩，老人，英子的同学，金吉娅，查理和杰西，矮儿子，娃丽

续表

教材（年级）	课文总篇数（含选读课文）	涉及凡人榜样形象的课文	凡人榜样形象的称呼
三年级下册	32+8	《路旁的橡树》《想别人没想到的》《绝招》《她是我的朋友》《七颗钻石》《卖木雕的少年》《七色花》《在金色的沙滩上》	筑路工人和工程师，小徒弟，小柱子，阮恒，黑人少年，珍妮，小姑娘
四年级上册	32+8	《给予是快乐的》《乌塔》	男孩，乌塔
四年级下册	32+8	《夜莺的歌声》《小英雄雨来》《触摸春天》《鱼游到了纸上》《渔夫的故事》《小珊迪》《生命的药方》	小夜莺，雨来，安静，聋哑青年，渔夫，珊迪，艾迪
五年级上册	28+8	《木笛》	朱丹
五年级下册	28+5	《半截蜡烛》《金色的鱼钩》《桥》《梦想的力量》《刷子李》《一件运动衫》《丰碑》	伯诺德夫人，杰克，杰奎琳，老班长，老汉，瑞恩，刷子李，康威，军需处长

续表

教材（年级）	课文总篇数（含选读课文）	涉及凡人榜样形象的课文	凡人榜样形象的称呼
六年级上册	28+8	《彩色的翅膀》《穷人》《别饿坏了那匹马》《唯一的听众》《用心灵去倾听》《青山不老》《少年闰土》《老人与海鸥》《金色的脚印》《两小儿辩日》《灯光》《我最好的老师》《鲁滨孙漂流记》《卖火柴的小女孩》	小高，桑娜，残疾青年，老教授，苏珊，老人，闰土，吴庆恒，小男孩正太郎，两小儿，郝副营长，怀特森，鲁滨孙，小女孩
六年级下册	21	《凡卡》《汤姆·索亚历险记》《千年梦圆在今朝》	凡卡，汤姆和他同伴，万户和杨利伟、费俊龙、聂海胜

　　以上的凡人榜样形象，以爱国为主题进行具体设计和组织的课文偏少，只有《画家乡》中出现的涛涛、山山、平平、青青、京京以及《半截蜡烛》中的伯诺德夫人、杰克、杰奎琳。当然，有很多关于这一主题的课文是以"我"的形象来组织的，如《一面五星红旗》写"我"宁愿忍受饥饿，也不愿意用五星红旗去换面包;《桂花雨》写出了"我"对家乡的热爱和对童年生活的怀念。以具体的人名设计来塑造爱国主义形象的课文不多，比如《夜莺的歌声》描写被称作小夜莺的孩子如何机智地引诱敌人进入伏击圈;《小英雄雨来》刻画了聪明机警、热爱祖国、不屈

不挠的雨来;《木笛》刻画了宁愿放弃艺术前途而不忘南京大屠杀遇难同胞纪念日的朱丹;《半截蜡烛》生动地描述了伯诺德夫人、杰克、杰奎琳机智的言行和配合展开与德国法西斯士兵的斗争,体现了他们的勇敢和爱国情怀。

以友善为主题进行组织的凡人榜样形象最多,包括对人的友善以及体现环保意识的对自然的友善两个方面,《平平搭积木》中的平平,《借生日》中的小云,《胖乎乎的小手》中的兰兰,《棉鞋里的阳光》中的小峰,《月亮的心愿》中的珍珍,《小伙伴》中的安东,《好孩子》中的小梅和京京,《窗前的气球》中的科利亚的伙伴、小男孩,《穷人》中的桑娜,《别饿坏了那匹马》中的残疾青年,《唯一的听众》中的老教授,等等。《我不是最弱小的》中保护蔷薇花的萨沙;《给予树》中的富于同情心的金吉娅;《路旁的橡树》中的筑路工人与工程师在不改变筑路计划的前提下,使公路在橡树边拐了一个马蹄形的弯儿,既保住了这棵橡树,又圆满地完成了筑路计划,表现了对橡树的珍惜,凸显了其生态保护意识;《七色花》中的珍妮友善地帮助他人获得了真正的快乐;《在金色的海滩上》写了一位小姑娘诚实守信、乐于助人的美好品质;《给予是快乐的》中的男孩关爱腿有残疾的弟弟,让保罗从内心里感受到给予是令人快乐的。《生命的药方》中的艾迪对德诺的关爱,还有《她是我的朋友》中的阮恒,在以为献血会死的认识中,仍然为抢救受了重伤的同伴献出自己的鲜血,课文通过对其神情、动作的细致描述,生动地展现了他为救朋友而无私奉献的优良品质。《穷人》中的桑娜在自身生活艰辛的困难情况下依然接纳了邻居西蒙的孩子。《别饿坏了那匹马》中的"我"经常到书摊蹭书看,父亲考虑到这是人家生计,令"我"通过卖马草赚钱看书,当守候书摊的残疾青年知道这事后,为了让"我"能安心看书,谎称家中有马而买下了我所有的马草,"别饿坏了那匹马"这句常挂在残疾青年嘴边的话让"我"感动得直想哭。《用心灵去倾听》真实地记录了"我"与问讯处工作人员苏珊交往的过程，苏珊用心灵倾听"我"的心声，耐心地给"我"帮助与安慰，成了"我"从未谋面的第二个母亲，这些言行刻画了苏珊的善良品质。《少年闰土》刻画了给"我"带来许多新鲜事的闰土形象。《一件运动衫》展示了"我"和康威老先生互相为他人着想的友善形象。《军需处长》中成了一座晶莹丰碑的军需处长，他本人掌管棉袄发放，但在冰天雪地里艰难前进的红军队伍中，他自己却没有棉袄而被冻僵在光秃秃的树干旁;《卖火柴的小女孩》叙述了小女孩寒夜里快要被冻死前擦亮火柴取暖而产生的美丽、幸福的幻影，现实中的凄景与"跟着她奶奶一起走向新年的幸福中去"的憧憬形成一个让人欲哭无泪的反差。

至于对自然的友善形象，主要体现人对动物的关爱和保护，如《浅水洼里的小鱼》中的小男孩为拯救浅水洼里的小鱼的生命，不停地捡起浅水洼里的小鱼扔进海里，边扔边叨念着："这条在乎，这条也在乎！还有这一条，这一条，这一条……";《卡罗尔和她的小猫》中卡罗尔和猫的交情;《老人与海鸥》中的老人，每天步行二十余里，从城郊赶到翠湖，只为给海鸥送餐，跟海鸥相伴;《金色的脚印》中的正太郎与狐狸的交情。还有就是揭示人与自然的和谐相处，如《清澈的湖水》中的小洁，紧紧攥着面包纸，不想让它破坏湖面美景;《青山不老》讲述了种树老人献身于绿化山沟，种植防风林带和林网的事迹。

敬业形象的"业"主要指对处事、工作、事业的执着、专注和智慧的形象，比如《火车的故事》里的小明在爸爸鼓励下探究学习有关火车的知识，并梦见自己成了一名火车司机;《我选我》中的王宁;《画风》中在一起画画的宋涛、陈丹、赵小艺;《最大的"书"》中总爱刨根问底的川川;《画家和牧童》中指出戴嵩画牛错处的牧童;《玩具柜台前的孩子》不让"我"给他买玩具的小男孩;《玲玲的画》中画了一只小花狗巧妙地掩盖了画中污渍的玲玲;《六个矮儿子》的矮儿子;《信箱》中的娃丽;等等，都是这类形象。《想别人没想到的》表面上看是培养学生的创新意识，但实际上也可看作体现小徒弟的敬业精神。《乌塔》描写了德国小姑娘乌塔的自立意识和独立生活能力;《鱼游到了纸上》揭示了聋哑青年作画专注认真,画技高超;《渔夫的故事》揭示了渔夫的机智;《触摸春天》中的安静揭示了只有用心去感受生命的美好,才能创造一个属于自己的春天;《刷子李》中刷子李的敬业形象,通过对其刷墙后的黑衣、黑裤、黑布鞋不沾白点来映衬其手艺高超的从业形象;《彩色的翅膀》刻画了以小高为代表的守岛战士热爱海岛的感情以及通过携带小昆虫到岛上来改造海岛环境,折射出战士们扎根海岛的敬业精神;《两小儿辩日》中的两小儿,在争辩太阳远近的问题时,孔子不能作出决断,体现了两小儿独立思考、大胆质疑的精神;《灯光》刻画了郝副营长在黑暗里为引导部队寻找突破口而献出了生命;《我最好的老师》刻画了怀特森老师为培养学生独立思考、敢于向权威挑战和质疑的精神,冒着被学生和他人误解的风险开展教学;《鲁滨孙漂流记》介绍了鲁滨孙在荒岛的求生经历;《汤姆·索亚历险记》叙述了汤姆的探险过程;《千年梦圆在今朝》揭示了中华民族儿女探索太空锲而不舍的追梦形象。

　　敬业形象往往跟执着、坚韧、严谨、智慧等个性和能力特征联系在一起。不过,当敬业形象的"业"牵涉对人的服务以及人际关系的和谐互助时,其另一面就成了友善形象的代表。在这种情况下,敬业形象和友善形象好像是一个硬币的两个面,一面可以从敬业形象来理解,另一面又可以从友善形象来认识。比如《金色的鱼钩》中老班长总是把鲜鱼野菜汤让给战士,自己却只是嚼草根和战士吃剩的鱼骨头,体现了对战士的关爱;作为炊事班长形象,时时处处为战士服务,提供丰富营养也可看作其本职工作,体现出炊事班长为将士提供后勤服务的敬业一面。又比如《桥》中先人后己的党支部书记形象,既有作为书记的敬业和奉献精神,也有作为群众之间相互关爱的友善情怀。《梦想的力量》中的瑞恩,为了实现"给非洲的孩子修一口井,好让他们有干净的水喝"这一梦想,付出了许多辛劳和汗水，终于梦想成真，这一过程既体现了瑞恩的友善的品质，也隐含着他执着追求的敬业精神。《唯一的听众》叙述了一名乐感极差的小提琴演奏男孩，羞于自己的乐技，而避开人群前往人迹罕至的小山上练琴，一位自称耳聋的老人时常在一旁听琴，默默地鼓励着男孩，使男孩恢复自信，不再羞于在人前拉琴，男孩日后每当在人群前演奏时都会想起当年那位鼓励自己的耳聋老人，这些事件刻画了男孩的敬业和教授的友善形象。

在虚构的凡人榜样形象塑造中，体现诚信形象的课文最少。比如，《好汉查理》中的查理虽然调皮，但说话算数；《小珊迪》揭示了饱受饥寒的小珊迪的美好品质。《手捧空花盆的孩子》一文，雄日没有为了得到皇位，而用别的花来欺骗皇帝那是他发的种子种出的花，他是认真栽培领到的种子，即使这颗种子并没有开出美丽的花朵，但这就是事实，他最终还是捧着空花盆去见国王。《灰雀》挖掘了小男孩内心诚实的闪光点，他意识到自己的错误并且真心要改正，决定把抓到的灰雀放回来，所以他对列宁说灰雀会回来的，他没有欺骗列宁，是坦诚的话。

由于诚信更多出现在利益相关方的权衡和认识中，有时候是与其他形象交织在一起的，比如《画家和牧童》中的牧童看到了画中的错处，但出于各种利益的考量而不说，这就牵涉诚信问题。《渔夫的故事》里的魔鬼曾经发誓要把放它出来的人给杀掉，魔鬼杀掉渔夫看起来是履行它的誓言，实际上是不友善、不感恩的行为。诚信教育通过诚信的榜样进行，榜样履行的约定应该是正确的，是符合主流价值观的，榜样的行为也应该具有示范性和引导性。尽管诚信的榜样形象往往牵涉个体与个体、个体与集体和社会之间的关系认识和处理问题，相对较为复杂和抽象，难以选取与儿童经验世界存在距离接近的榜样形象。不过，儿童自有向善的一面，选取历史名人典故为儿童播下诚信的种子，不失为教材改良的一个方向。20 世纪 30 年代民国国立编译馆编辑的实验国语教科书（高级小学用）就一改当时热衷适应儿童经验和兴趣的教育思潮，选取了许多历史名人典故作为课文，其中诚信形象选取了课文《季札挂剑》，说春秋时吴国贤人季札在一次出使晋国途中，顺道拜访了朋友徐君，徐君对他腰间那把宝剑很是喜欢，虽没有说出来，但季札看出来了。课文这样写道：

季子正要出使大国，不便把宝剑送人，但心中却有送他的意思。等到季子从晋国回来，再经过徐国，徐君已经死去了。季子解下宝剑，要送给徐君的儿子。他的从人劝止他道："这把剑是吴国的宝物，怎么可以随便送礼呢？"季子说："我不是送礼，前回我来，徐君爱我的剑，我已经有心送他。如今他死了，我若不送，便是欺心了。我不能为爱一把剑，做一件欺心的事。"剑送给徐君的儿子，徐君的儿子不肯收，并且说："先父不曾有命，这剑是不敢接受的。"季子到徐君坟前，祭吊一番，把剑挂在坟头的树上，便走了。地方上人称赞他的行为，作了一首歌："延陵季子兮不忘故，脱千金之剑兮带丘墓！"1906年商务印书馆出版的最新国文教科书第8册课文《不欺死友》也选用了这个故事：

吴公子季札，奉君命历聘列国。至徐，徐君爱其剑而不敢言。季札知之，为未毕使故，未之赠也，及还，复过徐。徐君已死，季札乃拜其墓，挂剑于树而去。从者曰：徐君已死，将谁赠乎？季札曰：始吾心许之，岂以死背吾心哉！

诚信教育需要诚信榜样形象的选取和塑造，但是，当诚信榜样形象与儿童的生活经验和利益诉求难以发生联系时，或者当诚信榜样形象塑造得过于完美和理想化时，榜样对儿童的引导作用会相对减弱，因此选择和设计一些反映儿童生活经验和利益诉求的榜样，是对儿童进行价值观教育的关键。

二、小学语文教材中榜样的选取

个体的人生成长历程需要不同身份、多种类型的社会化榜样作为参照。在我国漫长的历史进程中，众多不同领域、不同类别的历史人物，为我们提供了多层面、多类型的社会化榜样。在我国传统蒙学教材中，榜样的原型选取首先考虑的是其社会影响力，借助历史上真实存在的社会地位较高的社会知名人士的身份，通过刻画其人生某个阶段的言行和事迹，为儿童提供缅怀或效仿的对象，以推动儿童朝着国家和社会期望的方向发展。清末民初的小学语文教材沿袭了这一传统，从我国古籍作品记载中选取了诸多榜样形象，大部分是史传中的真实人物或寓言故事中衍化而来的人物，如：

公叔禺人、汪踦、孔子、子奇、郑义宗妻卢氏、茅容、秦西巴、靖郭君、庄善、愚公、漆室女、孟母、刘愚妻徐氏、孔子顺、荀灌，瓦特、墨子、高琼、徐吾、陶渊明、晏子、孔子高、鲁寡母、张陵 [最新国文教科书（初等小学用）第 5、6 册）]。

黄帝、瓦特、汉武帝、张骞、班超、诸葛亮、司马懿、唐太宗 [共和国教科书（初等小学用）第 5、6 册][13]

对古籍作品记载中真实人物的身份选取，在很大程度上反映了传统社会的价值取向，如对忠孝、诚信、智慧、博学、功业等的倡导和激励，有些甚至是超越特定时代的优良传统。

"五四"以后，受新文化运动和国语运动的影响，白话文教材逐渐进入小学语文教科书，榜样人物的身份选取开始改变从古籍作品中选取的做法，有的从外国作品中选取、翻译、引进过来，比如，为民族独立做

---

[13] 统计对象是每种版本初级小学用第 5、6 册，因为这两册的课文处于识字教育向读写教育的过渡阶段，编制者的语文教育思想能比较自由地得到体现，这对分析识字教育和人名设置的关系较有代表价值。

出贡献的外国政治人物如华盛顿、甘地以及外国科学文艺界名人如史蒂芬森、福尔敦、富兰克林、米勒、贝多芬、达尔文、牛顿、爱迪生等都被选进了教材；有的选取所处时代健在或者离世不久的有影响力的榜样人物，比如孙中山、蒋介石、黄兴、宋教仁、秋瑾等进入了课文。这些榜样人物，或为"得志成功者"，或为"达"而兼济天下者，或为舍生取义者，其事迹可歌可泣，成为在社会上有一定声望、地位和影响力的标杆，以此来激励儿童建功立业，奉献社会。但是，伴随"儿童中心"教育观的盛行，适应儿童经验和兴趣成为教材的最大价值追求，而这些榜样则被认为代表成年人的非凡经历和光辉业绩，与儿童的经验和追求相隔甚远。于是，榜样的内容呈现不再是单纯的动人事迹和光辉业绩，转而塑造名人小时候的超凡和不凡之处，如课文《孙中山小时候的故事》《孙中山幼时的求学》，同时也尽力虚构和创造出反映儿童生活的榜样形象，如世界书局国语读本第 8 册课文《马铃薯医病》，刻画了一个叫锡敏的美丽姑娘，在母亲的宠爱下体弱多病，过着不愉快的生活，后来在他人建议下天天去种马铃薯，不到三个月，身体康健了。这个榜样形象的意义在于告诉儿童：劳动和适当的工作是强身的补药。这种通过刻画生活中的人物形象来寄寓教育意义的教材编制方法在民国新学制以后相当普遍。也有把动物和植物进行拟人描写来推出榜样形象，以此来突显教材与儿童的阅读经验和兴趣的相适应。这类课文有些一直沿用到现在，比如《小猴子捞月亮》《鹿的角和脚》，等等。它们通过拟人化植物和动物作为榜样形象，来实现教育的目的。《鹿的角和脚》和《珠子有什么用呢》都是倡导实用价值的课文：

《鹿的角和脚》：一只鹿走到池边去喝水。看见自己的影子，倒映在水里，两只角桠枝分歧，自以为很好看。后来又望见自己的脚，叹道："我的角那样雄伟，我的脚却又这样纤小，怎样配得上呢？"

鹿正在那里埋怨自己的脚，不料"呼呼的！"一阵风声，一只老虎跳过来要捉他！鹿大惊，赶忙逃走，走得非常之快。老虎落在后面，追不着他。一会儿，那鹿钻到林子里，两只角被树枝钩住了；幸喜老虎还没有追到；他急忙侧着头把角拔出来，逃到隐僻的地方去。

鹿叹道："我以为角好，哪知我的角几乎害死我。以为脚不好，哪知我的脚倒使我逃出虎口来！可见天下各种东西，不在乎好看，只在乎实用！"（1923 年商务印书馆新学制国语教科书）

《珠子有什么用呢》：公鸡和母鸡，在园里走来走去，找东西吃。公鸡找到一粒珠子，对母鸡说："这粒珠子送给你罢。"母鸡说："我的肚子很饿，只希望得着几粒谷子，珠子有什么用呢？（1935 年世界书局世界第一种国语读本）

《鹿的角和脚》至今仍被编入小学语文教材中，不过课文题目已改为"狮子和鹿"。诸如此类的课文在 20 世纪二三十年代成了一种时髦，课文主角大半是鸡、猫、狗、牛、鱼、鹅、鸭、虾、龟、山羊、青蛙、鹭鸶、乌鸦、麻雀、狐狸、老虎、猴子等，甚至教育引导人要自食其力的榜样都采用动物，比如沈百英编制的基本国语教科书第 5 册第 11 课《野兔和公鸡》：

野兔拔了一把草，送给公鸡做食料。公鸡头摇摇，开口微笑道：青草味不好，哪里可当饱；我公鸡藏着新谷多多少，这种粗粮用不到。公鸡说罢开谷箱，要请小兔尝一尝。野兔看了忙推让，说道："新谷果然香，吃了恐怕招祸殃；我野兔喜欢自己寻食吃，始终不愿受喂养。"

野兔就是为儿童提供的自食其力的效仿对象。当然，这种把动物和植物拟人化后作为榜样形象的做法，在我国古代也有，比如古人有所谓"羊有跪乳之恩，鸦有反哺之义"之说，但传统蒙学教材对此只是采用比喻手法陈说道理，并没有采用拟人化手段对羊和鸦的心理、言行进行详细演绎，使之成为可亲、可感、可触的孝亲榜样形象供儿童效仿。

事实上，榜样的身份可以有多样化的选择，既可以为名人，也可以为普通百姓，或是拟人化的动植物。不过，在中华人民共和国成立之前，以名人身份编入小学语文教材作为榜样，主要为帝王将相、道德楷模以及曾经建功立业而青史留名者，比如茅容孝敬母亲的形象，孔子高志在四方的形象，庄善献身报国的形象，蔺相如有大局意识的形象，曹冲称象的智慧形象。中华人民共和国成立之后，国家倡导民族的、科学的、大众的文化教育，社会上也流行"职业无贵贱之分，只有分工不同"的认识，于是每一个榜样需要承载的主题都蕴含劳动光荣的价值观。历史上那些"四体不勤"者，比如孔子，尽管青史留名，但缺乏"劳动"品质和"觉悟"意识，很少被作为名人榜样形象编入教材。徐特立曾经引用列宁的话说："我们不能从旧学校里采取一大堆十分之九无用的知识，十分之一歪曲的知识，去填充青年的脑袋"。（徐特立.科学化民族化大众化的文化教育.第4页.//何东昌.中华人民共和国重要教育文献（1949-1975）[M].海口：海南出版社,1998.)小学语文教材正是为了突出与旧学校的区别，同时也为了展现和突显普通大众的伟大力量，主要选取了如下三类榜样：

一、革命领袖和革命英雄榜样，诸如列宁、毛泽东、朱德、刘志丹、斯大林、胡志明、刘胡兰、罗盛教、赵一曼、董存瑞等。

二、突现劳动品质的榜样，培养社会主义新人的重要途径之一就是要激发受教育者热爱和参与劳动。这里的劳动主要是指直接从事物质生产的体力劳动，旧学校里的名人榜样很少从事这种劳动，比如孔子"四体不勤，五谷不分"，王羲之苦练书法，都属于没有这种品质的剥削阶级。1949年12月由新华书店出版的初级小学国语课本第5册有一篇课文《劳动和健康》是这样说的：

做工的工人，种地的农人，天天劳动，所以拳头大，胳膊粗，脸色红润，精神活泼。过去的读书人和小脚妇女，很少劳动，所以身体瘦弱，面色苍白，常闹疾病。可见，一个人要劳动和要吃东西一样，一天也不能缺少。

同是这一册的课文《写给爸爸的信》，则把劳动看成学习真实本领的重要途径：

亲爱的爸爸：

还记得我在家的时候，一切都是依靠别人，……但是，我现在和从前大不相同了，脚上穿的这双鞋，就是我自己做的，袜子也是我织的，并且还会把被子拆洗再缝起来。我们学校比较大的同学，都是自己照管自己，具有独立生活的能力。因为我们是受的新民主主义教育，所以要养成爱好劳动的习惯，学习真实的本领。

在类似这种宣扬劳动观点的认识基础上塑造了很多凸现劳动品质的榜样形象。比如课文《做一个爱劳动的人》（初级小学课本语文第 8 册，人教社 1955 年校订出版），写一个叫小敏的学生在家与同学秀清下棋，这时他妈妈叫他去看看炉火为什么老是不旺，小敏很不情愿地离开棋盘，一边弄炉火，一边发牢骚说，自己将来要做船长或者飞行员，不想做这种事情。第二天，目睹这一过程的同学秀清就把这件事捅到少先队的中队会议上进行严肃讨论：

"昨天我真替小敏难为情。他不愿意帮助妈妈抖一抖煤灰，通一通火，还说什么'我将来要做船长'！"秀清激动地说，"我认为，不管你将来做什么，总不能做一个不爱劳动的人。"

"在我们中队里，不止小敏一个人是这样，"中队长补充说，"就说西生吧，他一知道有些男同学会缝，会补，会做饭，会做菜，就讥笑人家，说这些事不是'男子汉'应该做的。这些情形使整个队都不光荣。我们应该学会做一些日常生活中需要做的事。像小琴，会缝衣服，会洗衣服，会熨衣服，会生炉子，会订本子，会养蚕……我们大家都应该学习她的榜样。因为，只有从小就养成劳动习惯的人，将来才会成为有用的人。"

小敏是不热爱劳动的反面形象，而打小报告的秀清、有话语权的中队长以及受到提名表扬的小琴才是爱劳动的榜样形象。今天还在选用的课文《幸福是什么》也借智慧的女儿之口道出了"幸福要靠劳动"的思想。

三、有阶级觉悟意识的榜样。这类榜样主要是从旧社会过来并生活在新社会的工农形象，他们在忆苦思甜中全身心投入新社会建设热潮中，提升了劳动素质和技能，成为某一方面的劳动能手、劳动模范，如老工人门东贵、火车女司机田桂英、女拖拉机手梁军、劳动模范骆淑芳、王崇伦、孟泰、饲养小牛的秀英、护厂模范赵桂兰、荒山造林模范姚连君、工人代表赵占魁、翻身农民赵有才、桌椅委员杨克等；或在革命和建设的洪炉中锻造了觉悟和阶级意识，成为立场坚定、爱憎分明的社会主义建设者和共产主义接班人，如课文《手拍胸膛想一想》的老农形象：

……白发苍苍的老贫农站起来，指着他说："你呀！你忘本啦！"

树老根多，人老话多，莫嫌老汉说话啰嗦。如今你家劳动力强，银行有存款，家里有余粮，吃得饱来穿得暖，又娶媳妇又盖房。贫下中农你瞧不起，偏和富农分子常来往。你手拍胸膛想一想，难道人心喂了狼！

我老汉心里有本账，提起账来话儿长。想当年咱村遭天旱，地主富农逼租像虎狼。你爹一条扁担两个筐，拖儿带女逃荒到外乡。你一个妹妹被卖掉，你妈饿死在口外草地上。你一家回村那天我亲眼见，个个饿得骨瘦如柴脸焦黄。

一场春雨满地新，来了亲人八路军，斗倒地主分土地，你爹当上了农会主任。他打土匪挂了花，咽气时候跟我说了知心话："咱老一辈为革命出点力，让孩子们过上社会主义。"

哪想你这阵有了钱，身子变懒嘴变馋。三天两头跑生意，变得脚踏两只船。棉花脑瓜豆腐心，跟着富农瞎胡混。人家说灯你就添油，人家说庙你就磕头。社会主义光明大道你不走，偏偏顺着资本主义邪路往下溜。

你手拍胸膛想一想，要是没有共产党，今天你家的日子怎么样？水有源，树有根，翻身不要忘了本。你擦亮眼睛往前看，赶快回头做新人。(《初级小学课本·语文》第 7 册第 37 课，人民教育出版社编辑出版，1958 年第一版，1966 年第七版。)

老贫农的激愤之情溢于纸上，与其说他是在义正辞严教训一个不好好劳动、常跟富农胡混的社员，倒不如说他是在给儿童树立一个珍惜新社会来之不易的榜样形象。

"反右"运动以后，技能型榜样逐渐减少，阶级觉悟取代了技能标准，有的是活学活用毛泽东思想的人物形象，如课文《门合永远活在亿万人民的心里》将门合为救阶级兄弟而献身前的心理描写为：

在生死存亡的紧急时刻，他只有一个信念："为人民利益而死，就比泰山还重"；他只有一个决心："生为捍卫毛主席革命路线而战斗，死为捍卫毛主席革命路线而献身"，门合向着炸药堆猛扑上去……

课文最后一段还对门合的行为作了评论：

英雄的门合啊！你的胸膛是黄继光为掩护部队胜利前进而堵枪眼的胸膛；你的手是董存瑞托炸药包的手；你的身躯是邱少云在烈火中永生的身躯。而这一切之中，最最主要的是你无限忠于人民，无限忠于党，无限忠于毛主席，无限忠于毛泽东思想，无限忠于毛主席革命路线的一颗红心！

门合这个榜样形象的每一言行都离不开毛泽东思想。有的是把毛泽东思想贯穿到生活中的每一层面，如课文《无限忠于毛主席　全心全意为人民——记某部卫生科排除万难，切除九十斤肿瘤的先进事迹》，把肿瘤患者如何配合医生，医生怎么进行手术等，都跟毛泽东思想联系起来：

张秋菊刚入院时，绝望的情绪很严重，卫生科的同志认为要搬掉她身体上的大瘤子，必须首先搬掉她精神上的"大瘤子"。他们用毛泽东思想武装张秋菊的头脑，使她树立了与疾病作斗争的信心。三月二十三日七点三十分，一场捍卫毛泽东革命路线，抢救阶级姐妹的决战开始了。党委负责同志进入手术室，用毛泽东思想指挥战斗。张秋菊念着毛主席语录"下定决心，不怕牺牲，排除万难，去争取胜利"，安详地躺在手术床上。麻醉开始不久，病人呼吸发生困难，心跳加快，血压下降。在这关键时刻，党委负责同志高声朗读最高指示："我们需要的是热烈而镇定的情绪，紧张而有秩序的工作。"一个军医立刻果断地换上了自制的麻醉罐，一切恢复了正常。可是，肚皮切开后，发现瘤子表面蒙着一层膜。在难以辨认是瘤子膜还是腹膜的复杂情况下，他们遵照毛主席"我们的责任，是向人民负责"的教导，排除万难，坚持在膜外进行手术。……瘤子暴露出来了。它的表面布满了网状血管，四面与肾脏、血管、输尿管等黏连着，怎么把它取下来呢？政治指挥组送来了毛主席的指示："先打分散和孤立之敌，后打集中和强大之敌"，"四面包围敌人，力求全歼"。

（浙江省金华地区七年一贯制试用课本《语文》第 10 册 14~15 页，浙江人民出版社，1969 年 3 月出版）

改革开放以后，在"科学技术是第一生产力"的思想指引下，小学语文教材逐渐增加了在科学技术方面有重要影响的榜样形象，他们不再是中华人民共和国成立初期偏重于熟练操作生产技术的工农形象，也不再是"反右"到"文革"期间重点在立场和觉悟方面的榜样，而是对科技事业有重要贡献的榜样，如童第周、张衡、华佗、詹天佑、竺可桢、达尔文、爱迪生、居里夫人等。义务教育时期，小学语文教材的榜样形象越来越多样化，既有从古籍中选取的人物，也有从现实中选取的人物，既有本国的，也有外国的，既有汉族的，也有其他少数民族的。最为突出的是在社会身份和职业方面，突破了单纯重视政治名人的取向。美国教育心理学家加涅认为，在态度价值观方面，刺激儿童回忆态度对象和情景，以及榜样示范合乎需要的个人行为的选择，都是儿童向榜样学习的重要条件。多样化的榜样恰恰提供和满足了这些条件，有利于儿童获得开放、多元的态度体验，为培养儿童的创新精神和实践能力奠定基础。

三、小学语文教材中榜样的塑造

常言道，榜样的力量是无穷的。教材中的榜样是伴随儿童成长的重要影响力量，是可以深入儿童心灵深处且具有持久影响力的教育资源。有人曾在网上做过随机调查，发现"大多数人记忆中最难忘的课文竟然都是时隔最远的小学时代的课文。那些最早进入一个孩子幼小心灵的文字，无论多么浅显，都已经成为很多人心中最值得珍藏的财富"（2009年《瞭望》新闻周刊记者聂晓阳《最难忘的一篇课文》）。小学课文中呈现的榜样形象，尽管文字浅显，但却是伴随儿童成长，奠定儿童终身发展基础的宝贵财富。作为提供给儿童作为效仿的人或事例，无论是真实的名人榜样，还是虚构的凡人榜样，其价值的大小和影响力取决于其真实性和感染力。

（一）名人榜样

名人（指正面形象的名人）之所以成为名人，主要在于其某些方面受到推崇和赞扬。选取名人作为榜样形象，并对其进行包装或想象成具有吸引力、拥有力量和高度可靠的信息源，就容易成为儿童的模仿对象。可是，当把它作为模仿对象来进行榜样形象塑造时，对其言行举止的描写与儿童在一定情景下的需求不一定相符，也就是说，教材呈现给儿童的榜样，其言行举止并不一定与这些受到教材推崇和赞扬的方面相对应，比如某人政治声望很高，某人是著名球星，但在塑造成榜样时却可能只写他如何谦逊，如何孝敬长辈，如何待人诚恳，如何勤奋刻苦等与众多普通人或凡人的生活、工作和学习情景相关联的品质。比如我国传统蒙学读物《三字经》列举了黄香暖席和孔融让梨的例子，以树立孝亲敬长的榜样形象；列举了赵普、路温舒、公孙弘、苏秦、车胤、孙康、朱买臣、李密等人发愤努力、勤奋好学的例子，以树立克服困难、自强不息的典范形象。这些都不是与其受到推崇和赞扬的政绩、清廉以及社会贡献相关联的。但当这些名人的言行举止提供给儿童作为效仿对象时，就不断强化了这种关联度，即名人必定美言美行，美言美行专属于名人。当然也有客观地展示名人私心的课文，如1906年最新初等小学国文教科书第5册第37课《死国》：

> 楚白公作乱，庄善辞其母，将往死之。其母曰：弃母而死，可乎？对曰：闻之为臣者，内其禄，而外其身。今所以养母者，国之禄也。食其禄而不死其事，不可。乃命驾往。比至，三叹于车中，其仆曰：子有所恋乎？曰：念母耳。其仆曰：然则何不返？曰：念母，私也，死国，公也。君子不以私害公。卒与白公斗而死。

曾经有人梳理研究了小学语文教科书中提供的榜样人物，发现大部分榜样形象是采用了"真的名人，假的故事"模式来进行塑造，并考证了诸如爱迪生救妈妈、华盛顿砍樱桃树、陈毅探母等历史故事，指出其均为"假的故事"，是有毒的课文（详见《中国青年报》2009年9月30日的报道）。

其实，榜样的真实性和感染力是决定态度改变的有效因素，为了强化真实性而采用"真的名人"，为了对名人那些能够体现教育价值的言行举止进行强化感染力的处理，可以采用"假的故事"，这种做法正是为了呈现可供效仿的榜样形象，创造态度学习的条件，它不是现在的小学语文教科书才有，我国古代有，外国也有。《世说新语》记载有晋代范宣的儿时事迹：

> 范宣年八岁，后园挑菜，误伤指，大啼。人问："痛邪？"答曰："非为痛，身体发肤，不敢毁伤，是以啼耳！"

孩子因伤指疼痛而啼哭，本是正常的反应，但作者却以范宣的手"痛"为契机，借范宣之口来宣扬孝道。本来《孝经》上就有"身体发肤，受之父母，不敢毁伤"之类的话，叫孩子背背就可以了，但作者为何要冒着看起来明显是造假的风险来这样写呢？很明显，无非是想借真名人的声望来宣扬社会的主流价值观或推销自己的观点。我国古代的先贤们早就意识到了这一点，他们只关注表达的需要，根本不会拘泥于事件的真假。《史记》就有许多虚假的描写，但无损其"史家之绝唱"的声誉。苏东坡当年在汴京写应试文章《刑赏忠厚之至论》，为说明法官要严格执法，君主要宽厚爱人，就杜撰了名人事例。他说："当尧之时，皋陶为士，将杀人，皋陶曰：'杀之'三；尧曰'宥之'三。"考取后，主考官欧阳修问苏东坡的论据出自哪一本书，他说："何须出处？"《红楼梦》中宝玉要给黛玉取个字叫"颦颦"，也正儿八经地杜撰说："《古今人物通考》上说：'西方有石名黛，可代画眉之墨'。况这林妹妹眉尖若蹙，用取这两个字，岂不两妙！"因此，如果说小学语文教科书中的课文有假故事的话，那也是出于增强榜样感染力的动机纯正、善良、真诚的假，与苏东坡为了增强文章说服力和感染力而杜撰事件的用意是一样的。塑造榜样的一个重要目的就是寄寓道德教训，宣扬主流价值，为了有效实现教育目的，在塑造名人、凡人和动物形象以提供给儿童效仿对象，影响儿童态度改变时，故事情节都是允许虚构的，把一些契合儿童经验和兴趣的事件附载在名人身上，有利于创造一系列包含受人尊敬或受人钦佩的名人模仿的学习条件，以提供可靠的态度形成方法。因此，对名人言行举止进行设计、包装和刻画的意图在于提供一定情景和需要下的模仿对象，其意图在于让儿童从中感受到榜样的教育影响力，而非榜样人物的事件真实与否。教育者在给孩子提供榜样形象时，进行编辑加工和艺术塑造是必要的，或是为了融注自身的教育理想和褒贬态度，或是为了赋予榜样感染力，总之，教材中的榜样塑造重在教育追求，不在意情节的真假。这种采用虚构方式来增强榜样感染力的做法，一直延续到现在，不管其原型是历史上的真名人，还是凡人，或者动植物。

此外，名人榜样的塑造还牵涉名人称呼的选择问题。从人名或称呼的角度来看，每一个人的形象，尤其是名人，往往会有好几个称呼，比如毛主席、毛润之、毛泽东、毛委员指的是同一个人，每一个称呼往往与特定的时代和环境有关，人名选取会带来对儿童潜移默化的教育影响。在小学语文教材中毛泽东的形象大部分采用毛主席这一称呼，小学课文《八角楼上》反映的是毛泽东1927年到1929年之间的事情，那时他还没有担任党和政府主席的职务，但同样称其为毛主席。这种以社会职务称呼榜样人物的现象在民国时期主要用于指称封建时代的帝王以及孙中山、蒋介石等，如1933年大东书局出版的新生活教科书•国语初级小学用第7课《总理伦敦蒙难》，直接以总理称呼孙中山。对蒋介石的称呼，也多以职务尊称，如20世纪40年代国立编译馆编制的高小国语课本第1册课文《蒋主席的故事》《蒋主席的家信》等，或者就是在姓的后面加上尊称的字眼，如该册第3课《拥护领袖》：

拥护领袖！拥护领袖！拥护我们的领袖！领袖蒋公，承先启后，贯彻国父的遗教，为党国努力奋斗。

大概领袖比主席更能体现蒋介石的社会身份和地位。这种以职务来称呼榜样人物，将榜样行为与社会职务联系起来的做法，一直沿用到现在，几乎成了语文教材编写的一种常态或无意识的默认状态，这无形中拉大了儿童与榜样之间的心理距离，同时会在孩子幼小的心灵世界里滋生出官本位意识。1988年人教社出版的六年制小学课本语文第2册课文《这个办法真好》本应该称呼毛泽东或他小时候的名字，但课文写成"毛主席七岁的时候，……毛主席把自己的一份让给了最穷的伙伴"。课文《送雨衣》中的邓妈妈对站岗的小郭说话时也是句句不离总理的称呼："总理让我给你送雨衣来了，快披上吧。""总理让我告诉你，打雷下雨的时候，不要站在大树下。"甚至回忆自己爷爷的课文也不忘附上职务，比如课文《爷爷的俭朴生活》第一句"我的爷爷朱德委员长逝世了"。

事实上，以社会职务来称呼榜样人物，一方面疏远了读者与教材中榜样形象的关系，另一方面也暗示了榜样与教材中其他人不一样的身份。因此，教材中的榜样形象即使是社会职务和身份高的名人，也应该尽量把他名人的光环拆下来，还原成普通的人，比如采用人伦辈分方式，称邓小平为邓爷爷，或采用社会赞誉方式，把刘伯承称为军神，王进喜称为铁人，陈毅称为神童等。总之，尽量把榜样形象的行为与其社会职务脱离开来。几百年来的经典课文《司马光砸缸》《文彦博取球》等，都没有附带其社会职务来进行称呼，假如今天我们把课文题目"司马光砸缸"改为"司马谏议砸缸"，会不会觉得不好接受？

（二）凡人榜样

除了历史上的名人榜样之外，小学语文教材还增加了许多凡人和动物作为榜样，如商务印书馆1904年出版的最新国文教科书初小用第6册，就有课文《爱兄》《慎疾》《戒惰》《戒妄》等凡人的故事。《爱兄》写一个叫戴儿的小孩，与其兄长相亲相爱，由于兄长就读的学校离家较远，每次家里有好的食物，他都会留着或送到兄长的学校去。单就这篇课文来说，戴儿孝敬兄长的行为是否真实，恐怕没有人那么无聊要去考证。至于动物故事，有《山鼠报德》，写一只山鼠为报答一头狮子的不杀之恩，在狮子被猎人用绳子缚住时，为狮子咬断绳子，使狮子得以逃逸。

凡人榜样的塑造，除了情节和人物的虚构以外，还重视结合儿童的经验和兴趣给榜样形象设计有教育意蕴的名字或称呼，寄寓了教材编制者的教育认识和理想，大致有这么几类：

第一，人名中隐含物名，如许禾生、李菊生、夏荷生、蒋爱梅、夏枫、琼笙、瑶笙、晏溪峰、奚砚耘、赵玉龙，在认识人名的过程中辅助认识了某些事物的名称，并赋予了人名一定的联想意义和象征意义。

第二，人名中隐寓历史知识和道德教义，如王寿彭、邹文彬、吴若愚、秦武、菊仙、林鹤、孙孝贞、陶慈、仁忠、施纲、查道、明伦、赵信、王诚、学忠、学孝、徐有方等。彭祖是传说中的长寿者，用寿彭把这一历史知识融合进去，有利于教师在教学时结合起来传授历史知识；林鹤可以让人想起人称"梅妻鹤子"的宋代词人林逋，吴若愚可以让人想起成语"大智若愚"，《论语》有"父母在，不远游，游必有方"之句，用"有方"作人名，也有利于教师在讲课时宣扬传统的家庭伦理道德。

第三，人名中寄托着美好愿望，如周文明、钟化之、张新华、振华、平华、保民、定国、和中、张正、孙日新等，反映了编制者渴望国家强盛、社会安定发展的理想。

类似这些榜样人名的设计，不但反映了教科书编制者的教育观和教育理想，而且反映了一定时代对榜样内容的诉求。在语文独立设科之初，榜样的人名几乎都离不开姓，比如：

章儿、蒋儿、谢生、唐生、汪生、范生、邵生、蔡生、洪生、俞儿、葛儿、欧生、苏生、阎君、戴儿、景氏、罗生、包儿

姓是家族的符号。民国时期的小学语文教材，家族观念浓郁，每篇课文里的人名都首先冠以姓氏。教材编制者潜意识里把课文中的每个人首先看成家族的人，行为举止影响到家族声誉。因此，小孩子的言行举止以家长意志为旨归，商务印书馆共和国教科书新国文国民学校用（秋季始业）第3册第1课《读书》就反映了这一观念：

学生入校。先生曰："汝来何事？"学生曰："奉父母之命，来此读书。"先生曰："善，人不读书，不能成人。"

学生入校读书不为国家和社会，而是遵父命，尽孝道。1904年奏请颁布《奏定学堂章程》时，张之洞就提出："至于立学宗旨，无论何等学堂，均以忠孝为本，以中国经史之学为基。"人名中不脱离姓反映了"忠孝为本"的思想。孝经云："立身行道，扬名于后世，以显父母，

孝之终也。"这里扬的名不只是个人的名，更重要的是父亲、家族的名。因此，在忠孝意识弥漫的社会氛围中，国文时期的教材人名几乎不脱离姓，即使没有姓的人名，只是在信件样式中作为称呼对方和自我称呼时才出现。

"五四"运动后，受新文化运动激荡和洗礼的年轻人，把挣脱家庭约束和追求民主自由、开阔视野当成一种时尚潮流。家族观念和忠孝意识受到强烈冲击，个体不只是家族的人，更重要的是国家的人，教育不是培养立身扬名的家族孝子，而是培养共和国国民。民国第一任教育总长蔡元培就指出，民国教育应"立于国民之地位，而体验其在世界，在社会有何等责任，应受何等教育"。[14] 也就是说，教育应该跳出家族视野，把人放在世界和社会中去考虑培养目标，以便让受教育者更多地获得承担世界和社会责任的能力。这种跳出家族视野的国民教育主张，突显了教育视域中个体的国民身份，教育不再是培养具有忠孝意识的家族孝子，而是养成健全人格的共和国民。国民作为一个具有政治性和社会性内涵的概念，反映了个体是以国家的成员身份存在，并且与国家之间存在相应的权利和义务关系。对这种身份和关系的确认和体现，主要从各种职业活动和社交活动中获得。于是，小学语文教科书的榜样人名也开始对家族标志符号——姓——越来越不重视。尤其是民国新学制颁布以后，除了现实或历史名人如孙中山、司马光外，带姓的人名在小学语文教科书中很少出现，反而出现了大量不带姓的人名，诸如"琼儿、建坤、阿花、菊秋、杏姑、兰妹、大鹏、小鹏、雪鹏、振华"等。下面是国语阶段两套初级小学第 5、6 册中不带姓的人物称呼：

呆大哥、小兰儿、阿细、何生、秉吉、慎儿、铃哥、宝梅、伯兢、恕齐、仲嘉（黎锦晖，等．新小学教科书国语读本 [M].北京：中华书局，1924年出版．）

---

[14] 沈善洪．蔡元培选集（上下卷）[M].杭州：浙江教育出版社，1993:395-402.

梅芬、荷秀、顺芝、定国、和中、平华、保民、振之、丽丹、奇安、丹西、仁忠、素珍（魏冰心,等.国语读本.北京：世界书局,1934 年出版）

带姓的人名，也根据这种现实需要不再设计为苏生、阎君、葛儿等，而是从年岁少长上称呼，如：

潘二、马五、张三、陈二哥、白兄、郑大、周三、冯大哥。

个体在社会生活中的交际主要是职业和娱乐健身方面的合作，不带姓、口语化的人名顺应了这种交往需要。此外，伴随西方文化的传入，我国在 20 世纪初兴起了一场以"民主""科学"为核心的文化运动，被称为新文化运动，于是把与之相对的中国几千年流传下来的以儒家思想为核心的文化称为旧文化。教材中榜样人名的设计不可避免地牵涉如何看待新旧文化的问题，商务印书馆教科书编辑们曾推出"编辑小学教科书商榷书"，认为："就今日之国情，当以积极的进取为主义，平等也，自由也，独立也，合群也，尚武精神也，实利主义也，皆共和国民所宜有，事不可不加以提倡，本馆所编教科书，于是数者，既再三致意矣。虽然，童稚之年，血气未定，偶一纵任，即不免逸出常轨之外。区区之见，新道德必宜以刷新国民之耳目，旧道德仍不可尽废以保存固有之国粹。即如忠之一事，或以国体变更，应归淘汰，实则所谓忠者不专指忠君也，对于职业，对于国家，亦至重要。又如俭朴清廉，或以易启自足之心，致妨生计之发达，然奢侈枉费亦足以伤民财耗国力，则又不得不以俭德相劝。又如女子教育，吾国本以置母良妻为主，而时人或有病其范围稍隘者，欧美女子教育容有趋于实业政治之途，而施之吾国，于现在情势似未适宜。"[15] 显然，这些教科书编辑们不否认旧道德和旧文化，强调两者兼容。这种兼容思想一直是教科书编辑者的指导思想。比如民国新学制阶段的中华书局新小学教科书国语读本第 8 册第 19 课《你读什么书》课文中专门设计了两个人名：孔宪章和龚清源。

---

[15] 商务印书馆编辑所同人.编辑小学教科书商榷书[J].教育杂志,1935,5(4).

孔宪章和龚清源都是十岁的小孩，住在隔壁，是很和睦的邻居。

孔宪章在市立小学校四年级肄业，龚清源在段老先生村塾里读书。段老先生年纪六十多岁，教书已经三十多年了。有十几个学生，大的十六七岁，小的八九岁，有读经书的，有读《三字经》《百家姓》的。龚清源、孔宪章今年才上小学，《三字经》刚读完。

有一天下午，孔宪章和龚清源闲谈，孔宪章问龚清源道："你读什么书？"龚清源答道："我读《三字经》。"孔宪章道："什么是《三字经》？"龚清源道："《三字经》你都不晓得吗，我念给你听。"念道："自羲农，至黄帝，号三皇，居上世……"

龚清源也问孔宪章道："你们学校里有些什么功课？"孔宪章答道："我们学校科目很多，国语哪，算术哪，唱歌哪，……"龚清源道："你唱歌给我听，好吗？"孔宪章道："我们学校前天开同乐会，有一首同乐会歌，很有兴趣，我唱给你听。"唱道："同乐同乐，摇铃开幕，开幕开幕，大家快乐。快乐快乐，大家唱歌……"（黎锦晖，陆费逵.新小学教科书国语读本初级第8册[M].上海：上海中华书局，1924：56-63.）

孔宪章代表的是强调分科学习的新式学堂，以新文化内容为主，龚清源代表的是旧式私塾，以旧文化内容为主，两者的对话寄寓了彼此应该互相学习的愿望。当然，这里的新文化不是五四前后的新文化，它指的是自鸦片战争以来传入中国的西艺、西政、西学及其与中国文化的融通结果。早在戊戌变法前，梁启超在《湖南时务学堂学约》就提到"中学以经义掌故为主，西学以宪法官制为归"[16]。五四时期的新文化则是作为中国几千年封建文化的对立面而出现的，正如陈独秀所倡导："要拥护那德先生，便不得不反对孔教、礼法、贞节、旧伦理、旧政治。要拥护

---

[16] 梁启超.湖南时务学堂学约[M].// 朱有瓛.中国近代学制史料(第一集下册)[M].上海：华东师范大学出版社，1986:297.

那赛先生，便不得不反对国粹和旧文学。"[17] 李大钊也专门写了《孔子与宪法》一文，认为"孔子与宪法，渺不相涉也"，"孔子者，数千年前之残骸枯骨也。宪法者，现代国民之血气精神也"，两者连在一起是一种怪诞的现象[18]。但是，教科书编制者还是把"孔子"的"孔"与宪章连在一起，设置了孔宪章这个人名，宪章有宪法、章程、制度的含义，孔宪章，大概寄寓了两者融通的意愿。"清源"就是清楚了解自己文化的源头，设置"龚清源"这个人名，就是希望儿童清楚了解中国文化。不过，总的来看，教科书编制者还是倾向于宣扬以"民主""科学"为核心的新文化，对那些与之相抵触的内容采取改造的态度，比如龚清源学的《三字经》就不是旧式私塾里采用的那种有"三纲者，君臣义。父子亲，夫妇顺"的版本，而是把中国历史朝代连串起来的"三字经"，内容从三皇到民国，以"至宣统，大革命，专制倒，民国成"结尾。

　　尽管教科书编辑者主张采用新旧兼容的思想，但是当时社会上"言必称希腊"的风气还是相当盛行。因此，教科书选取的外国榜样形象也很多，如马苦奴、比耶鲁、奇安、丹西、惠思干、华盛顿、林肯、席克生等。时至今日，小学语文教科书除了选取许多外国真实名人作为榜样，比如牛顿、爱迪生、达尔文、列宁、高尔基等之外，还是设计了许多诸如玛莎、维加、安东、科利亚、卡罗尔、雄日、查理、杰西、娃丽等外国人名作为凡人榜样的称呼。

四、关于小学语文教材中榜样塑造的几点认识

　　态度作为个体在不同情景中所体现的一致性倾向，不是预先设计而形成的。在小学阶段，父母、教师和教材中的人物形象共同起到了儿童

[17] 陈独秀."新青年"罪案之答辩书[M].//中国社会科学院近代史研究所.五四运动文选[M].北京：读书·生活·新知三联书店，1979:195.

[18] 李大钊.孔子与宪法[M].//中国社会科学院近代史研究所.五四运动文选[M].北京：读书·生活·新知三联书店，1979:78.

的榜样作用。尤其对于年幼儿童来说，教师以及父母本身就可以起到榜样的作用，使儿童学会诸如关心他人、完成任务和公正等合乎要求的态度，使儿童学会诸如完成任务、关心他人等合乎社会主流价值要求的态度。到青春期，典型的拒绝成人榜样预示着同伴榜样居支配地位，这时的价值观和行为之间会出现冲突，儿童从受称赞、受肯定的同学那里习得态度；到成年时期，榜样的选择或接受变得与个体对自己的社会角色接受有关，而且榜样的可信性成了态度改变的一个主导因素。因此，态度的形成有些时候也可能是偶然的，比如在与其父母、教师、同伴的长期相互作用中有所感悟，在各种媒体呈现的众多超越时空的人物形象中有所触动，等等。总之，个体从出生开始，就在其周围弥漫着形成和改变态度的各种环境和条件。从儿童中心的课程观出发，小学低年级阶段的童话故事主要是在取悦儿童的基础上蕴含教育价值。随着儿童经验的扩展，儿童对于虚幻、怪诞地描述自然界灵性故事的兴趣逐渐减弱，开始对实际生活事件发生较多的兴趣，比如关于发明故事、机械故事、冒险故事、历史传奇故事、伟人传记中的人物，是儿童最感兴趣的读物对象。同时，儿童对于那些超越感官但合乎现实情景的事件仍然有浓厚的好奇，而且阅读时喜欢移情，把自己的生活投射到读物所营造的故事世界中。为此，这个时期儿童榜样形象的选取和塑造应该把关注点从童话世界移到现实世界，以塑造真实人物为重点，以提供英雄形象为追求，情节设置相对复杂，少反复，多提供各种利用智慧战胜邪恶，克服阻碍获取成功的故事或例子，以培养他们不断进取的乐观主义精神，以使他们稚嫩的心灵从想象世界的温室中能够安全过渡到充满种种险阻的现实世界中，推动儿童人生观、价值观的初步奠定以及意志力的初步养成。

学习导致了对榜样行为的模仿，习得一种由人物榜样所表达的态度。孔子说"见贤思齐焉，见不贤而内自省也"。教材编制者正是借助对人物形象"贤"与"不贤"的言行描写和细节描写，引导儿童朝着国家和社会期望的方向发展，促进儿童形成健康成长的人生态度。由于教材中的榜样是提供给儿童作为效仿的人或事例，是经过教材编制者的精心设计、包装和刻画，融注了编制者的教育理想和褒贬态度的人物形象，对于儿童态度的形成和改变起着核心的作用。但这些内容能否成为影响儿童态度改变的有效因素取决于儿童体验到的榜样形象的真实性和感染力。为此，通常的做法是多选取历史或现实中的名人作为榜样原型，并对其进行包装，或想象成具有吸引力、拥有力量和高度可靠的信息源。

可见，在榜样的选取、塑造和呈现过程中，真实性、多样化和感染力是榜样提供必须考虑的三个重要因素。教科书对榜样的呈现，除了插图外，主要借助书面语言从人物、情节、环境三个维度展开。

第一，关于人物，可以是历史上真实存在的名人，也可以是虚构的。在古今中外的历史上，名人众多，选取在哪个领域做出了贡献而流芳千古的人物，必须考虑时代的需求，同时人物选取之后的称呼也必须斟酌，正如孔子删订《春秋》时陈述"郑伯克段于鄢"，而不是采用"郑庄公克段于鄢"来陈述一样，称呼中寄寓了孔子的教育价值观。比如毛泽东，还有毛主席、毛润之、毛委员以及他外婆给起的称呼"石三伢子"，在小学课文《毛主席在花山》以及《吃水不忘挖井人》《八角楼上》《这个办法真好》《到期归还》等课文中，是否可以根据特定的时代、环境和时代教育价值取向进行斟酌选用，突破单一选用"毛主席"这一称呼？加涅认为，儿童向榜样学习的外部条件大致有这么几个：一、建立榜样的感染力和可信度；二、刺激儿童回忆对象和情景；三、榜样示范合乎个人行为的选择；四、明示对榜样的强化事态。名人在第一、第四个条件中有明显的优势，但如果不考虑关乎情景和需要的第二、第三个条件，把名人过于神化，感染力也会受到影响，因此把名人凡人化，给儿童提供名人在日常生活中的行为作为模仿对象，也是加强感染力的一个可取做法。

第二，关于情节，包括榜样人物形象呈现的外貌、言行、细节等方面的描写，既可以是真实的，也可以是虚构的，关键取决于选文的意图，如果选文重在让儿童缅怀和敬仰伟人及英雄人物，那么每一个情节都必须推敲考证；如果选文重在让儿童受到感染浸润而形成某种品质，那么即使是名人榜样形象的情节，也是可以虚构的，比如爱迪生救妈妈，华盛顿砍樱桃树，哈默体现尊严之类的行为，都没有必要去较真。

第三，关于环境，教科书应该将榜样形象的身份和言行置于家庭生活、社会生活、教育生活、文化生活等诸多方面，并且尽可能提供不同的文化背景、不同的生活和生产场景，为个体提供合乎社会群体取向的多样选择的社会化模式。教科书为了强化作为儿童效仿对象的榜样的真实性，应该尽可能做到环境、人物、情节三者的协调，保证时间和空间的一致，避免名字是外国人名，或人物是古代人物，而在时间、空间和情节的叙述和展开过程中却存在明显的中国现代社会生活的特征。这也正是教科书曾经遭受诟病其存在西化问题的一个重要原因。

第五章　小学语文教材中智慧形象的价值考量

　　智慧，是一个被广泛使用的词语，用作形容词时，有智慧地球、智慧城市、智慧校园、智慧旅游、智慧制造、智慧规划、智慧教育、智慧课堂、智慧物流、智慧语言、智慧人生，等等，用作名词时，有管理智慧、生命智慧、教育智慧，等等。在教育研究领域，对智慧教育的研究主要有两种取向：一种是以智能技术支持下的教育为研究取向，另一种是以促进学生智慧增长的教育为研究取向[19]。前者依托于信息技术手段，把智慧教育看作教育信息化的高端形态和新境界；后者既与传统教育学的智育有相通和交叉之处，又与现代教育学所探讨的自主性、创造性、整体性和情景性密切相关。本书所探讨的智慧教育，是基于对小学语文教材中认识关系和处理事物的人物形象的探讨，借以揭示其对智慧生成和价值引导的影响作用，推动儿童自主性、创造性的养成。

一、智慧与智慧教育

　　智慧由智和慧组成，两者都有聪明之意。据《辞海》解释，"智"：聪明，智慧，智谋；通"知"。"智"一般是指视野宽广，思维能力强，认识能力高，如"唯上智与下愚不移"（《论语·阳货》），"巧者劳而智者忧"（《庄子·杂篇·列御寇第三十二》），由此还衍化出预见能力，如"凡人之智，能见已然，

　　[19] 刘晓琳，黄荣怀. 从知识走向智慧：真实学习视域中的智慧教育 [J]. 中国电化教育,2016(3):14.

不能见将然"（贾谊《治安策》）。"慧"则多指敏锐的判别能力，如慧眼识才，"周子有兄而无慧，不能辨菽麦"（《左传·成公十八年》）。英文中与"智慧"对应的词有"smart"和"wisdom"的区分。"smart"通常指一个人具有较高的心理准备度，能够在语言和行动层面上迅速做出对自己有利的反应；"wisdom"是一种综合利用知识、经验、理解、常识以及见识进行思考和行动的能力或由此能力而产生的结果。"对自己有利的反应"与"由综合能力而产生的结果"不一定等同或成对应关系，这其中牵涉价值取向的智慧。

"智"和"慧"组合成词，最早见于《墨子·尚贤》："逮至其国家之乱，社稷之危，则不知使能以治之。亲戚则使之，无故富贵、面目佼好则使之。夫无故富贵、面目佼好则使之，岂必智且有慧哉！若使之治国家，则此使不智慧者治国家也，国家之乱既可得而知已。"这里的智慧是一种治理国家的能力。也有用来指称识别、判断、顺应大势的能力，如《孟子·公孙丑》："齐人有言曰：'虽有智慧，不如乘势；虽有镃基，不如待时。'"这种大势也就是行仁政的大势，是一种处理社会事务的能力。因此，"智慧"一词在我国古代既包括内在的思维能力，也包括外在的辨别能力和处理社会事务的能力。它往往受个体道德水平的制约，同时也是实现道德行为的重要手段和条件。

在西方教育家眼里，智慧和德性往往相提并论，如夸美纽斯认为，所谓真正的人，就是一个理性的生物，一个为一切生物之主并为自己之主的生物，一个为造物主所爱的生物。理性的生物就是指能够智慧地认识和处理外在事物的人，其心灵要素包含智性、意志和记忆三种能力。"智性的本分是观察事物之间的区别，甚至观察最细微的细节。意志是关于选择的——就是说，选择有益的事物而拒绝无益的事物。记忆是把用过智力与意志的一切事物保存起来，以备日后使用，并且提醒心灵，使它记得自己是依赖上帝的，知道自己的责任。"[20] 西方教育家眼中的理性生物实际就是拥有智性、意志和记忆的智慧人。洛克则说，智慧是指"一个人在世上可以能干地、有远见地处理自己的事务。它是良好天性，心智专一，再加上经验，三者合成的产物。……为求得智慧，我们对幼童所能做的最大的一件事，即是要防止他们变得狡猾。"[21] 可见，处理事务的能力是中西方理解智慧的共通之处。不过，在我国多指社会事务，智慧体现在利用和控制人，结果重社会影响力，西方则多指自己的事务，智慧体现在自己独立做事的能力，结果重自身满足感。这一点直接影响到语文教材中智慧形象的选取和塑造。

　　智慧教育就是指刺激、引发、推动、引导智慧生成和发展的教育。智慧的生成和发展如同人的体力一样，体力发展需要物质营养，智慧发展也需要刺激材料。智慧教育离不开学校。夸美纽斯认为，人之所以真正成为人，无疑是由于学校的培植。他呼吁，既然工场供给成品，教堂供给虔信，法庭供给公道，"为什么学校不该产生、淳化，并且增加智慧的光辉，把它分布到全体人类社会呢？"为此，他提出，"学校必须提供能够照耀智性，指导意志，刺激良心的材料"。[22] 我国近现代教育家陶行知从他的教育实践体验中提出了对智慧教育的认识，他认为，智慧是生成的，知识是学来的[23]。生成智慧离不开具体的情景，语文课程在提供照耀智性的材料，在营造智慧生成的情景方面无疑比其他课程拥有更大的优势，它通过选取和塑造众多智慧形象，利用其智慧地认识和处理自身以及外在事物的思维和活动来刺激儿童的智慧生成，照耀学生智性，引导学生接受社会期望的价值取向。然而，由于这些推动智慧发展的刺激

[20]〔捷〕夸美纽斯.大教学论[M].傅任敢，译.北京：教育科学出版社,1999:41.

[21]〔英〕约翰·洛克.教育片论[M].熊春文，译.上海：上海世纪出版集团，2005:209.

[22]〔捷〕夸美纽斯.大教学论[M].傅任敢，译.北京：教育科学出版社,1999:36-42.

[23] 华中师范学院教育科学研究所.陶行知全集（第一卷）[C].长沙：湖南教育出版社，1983:86.

材料给予学生带来的感受和理解是多角度和多元的，如果缺乏对它们的全面斟酌和考量，则容易使这些材料成为不良价值取向的引发点和暗示。

二、智慧形象的呈现

文学艺术中的智慧形象是一种反映现实的特殊方式，它往往是作家从审美理想出发，对现实生活中各种现象加以提取概括而创造出来的一种具有一定思想内容和艺术感染力的生活形象。但语文教材中的智慧形象除了要有一定的思想内容和艺术感染力外，更多地关注其教育影响力。因此，语文教材中的智慧形象，一方面是通过语言文字的描述去呈现，以作为儿童学习效仿的对象，另一方面是通过教师和学生对课文的感受、体验和理解去生成智慧形象。下面结合教材的具体内容对这两方面的智慧形象呈现作一个具体分析。

第一方面的智慧形象，以历史名人为主。我国传统蒙学教材里面的智慧形象，多是历史名人，如孙亮辨伪，曹冲称象，司马光砸缸，文彦博取球，王戎识李等。蒙学教材对这些名人也多是只提名字及其相关的突出事件，如《三字经》："莹八岁，能咏诗。泌七岁，能赋棋。彼颖悟，人称奇。尔幼学，当效之。蔡文姬，能辨琴。谢道韫，能咏吟。彼女子，且聪敏。"《千字文》里"起翦颇牧，用军最精。宣威沙漠，驰誉丹青"介绍了白起、王翦用兵神奇而声名远扬，"布射辽丸，嵇琴阮啸。恬笔伦纸，钧巧任钓"介绍了吕布、蔡伦等因技高和发明创造而留名于后世。如清末新式教科书的课文《鲍氏子》的故事，不但展现了鲍氏子论辩的智慧，而且隐含了众生平等的思想。其故事为：

> 齐田氏，大会宾客于庭。中坐，有献鱼雁者。田氏视之，叹曰，天之于人厚矣。殖五谷，生鱼鸟，以为人用。众客和之如响。鲍氏之子，年十二。与于宴。趋进言曰，万物与我并生，类也。类无贵贱，徒以智

之大小，力之强弱，迭相制而已。人取其可食者食之，非天本为人而生之也。且蚊蚋噆肤，虎狼食肉，岂天本为蚊蚋生人，虎狼生肉者哉？

由于名人的智慧形象对儿童的影响作用更大，因此，利用名人的言行材料作为智慧教育的内容一直沿用不衰，只是伴随时代的变化而调整了智慧的具体表现内容而已。义务教育语文课程标准实验教科书的课文《这个办法好》讲述了少年毛泽东善于动脑筋思考问题，指挥大家分工合作，既省力气，又省时间，还把活干好的事。《电脑棋手》中"我"与电脑棋手下棋，几经失败，但是通过认真观察，动脑思考，终于反败为胜；课文《走马灯的奥秘》以茅以升爷爷小时候对走马灯奥秘的探求来体现儿童在观察中思考，探求科学真理的形象;《童年的发现》讲述的是达尔文小时候善于发现、思考，为他日后的成就奠定了基础；还有《数星星的孩子》《奇怪的大石头》《爱迪生救妈妈》等同样体现了善于观察和思考的智慧。智慧的言行，主要是提供给儿童效仿的对象，如《司马光砸缸》《曹冲称象》中的名人形象,《曹冲称象》记述了曹冲动脑筋想办法称出大象的体重的故事。

除了历史名人之外，在清末癸卯学制颁布以后，与新式学堂相适应的小学语文教材也开始出现凡人和动物。所谓凡人，是相对名人而言，指历史典籍上没有传记保留下来的人物。凡人的人名往往由编者自己虚构或杜撰，如戴儿、徐吾、钮生、阎君、裴某、朱女，然后附上一个智慧故事。也有不给名字的，如《亡羊补牢》，或只提"有人""或"，如：

人有大言者，游京师而返，言于众曰：吾能健跳极远。京师之人，无能及我者。诸君如不信可往问之。时有一人在侧曰：勇哉壮士，汝果如是，今更健跳，以试其技，何必远取证于京师。（1908 年最新国文教科书初等小学用第 3 册课文《大言》）

客有过主人者，见其灶直突，旁积薪。客谓主人曰：更为曲突，远徙其薪；不然，将有火患。主人嘿然不应。俄而家果失火，邻里共救之，幸而得息。于是杀牛置酒，谢其邻人，焦头烂额在上行，余各以次。独不请言曲突者。或谓主人曰："乡使听客之言，不费牛酒，终无火患；今置酒请宾而独遗客，何也。'曲突徙薪'亡恩泽，焦头烂额为上客耶？"主人乃悟而请之。（1906年最新初等小学国文教科书第5册课文《曲突徙薪》）

至于动物的智慧形象，如1908年最新国文教科书商务印书馆初等小学用第3册课文《蟆》：

二蟆同居小池，天久不雨。池涸，议他徙。路过一井，其一悦之，将跃入。其一曰：井水固佳，苟有他故不适吾意，又焉能出？故但顾目前而不图其后者，取祸之道也。

其中一只蟆不受眼前利益诱惑，具有理性的智慧。还有课文《蝉和狐狸》中"蝉"的聪明机智：

一只蝉在大树上唱歌。狐狸想吃蝉，便设下了一个圈套。

他故意站在蝉的对面，赞叹道："您的歌声多么美妙！您真是个天才的歌唱家！您能下来让我见识一下您那动听的歌喉吗？"

蝉察觉其中有诈，就摘下一片树叶扔下来，狐狸以为是蝉，猛地扑了过去。

蝉对狐狸说："朋友，要是你以为我会下来，那就大错而特错了。自从看到你的粪便里掺杂着蝉的翅膀，我对你就怀有戒心了。"

一个聪明的人，总能从别人的灾难中吸取教训。

一般来说，拟人化的主角多为常见的动物，有乌鸦、狐狸、马、猴、羊、猪等。其中乌鸦、羊、猪多为正面的，如课文《鸦》：

《鸦》：鸦渴甚，见有水瓶在庭中，欲饮之，瓶深水浅，鸦竭力伸喙，卒不得饮。仰首若有所思，遽飞去，衔小石至，掷瓶中，往返十余次，石积水升，鸦遂饮。（1912年订正女子国文教科书第4册第25课文）

《鸦食贝》：海潮初退，群贝露沙面，众鸦就食之。贝壳坚，鸦竭力啄之，不能破，于是各衔贝高飞，至三四十丈，乃坠贝于石上，破其壳，而食其肉。

凡物下坠之势，愈高，则力愈大。如掷杯于地上，高仅尺许，往往无恙。若至十余尺以上，则未有不碎者。鸦之食贝，殆深知此理，可谓智矣。（1906年最新初等小学国文教科书第 5 册课文）

《牧者》：牧者暮收其羊，见群众杂山羊，圈之。明日，大雪被野，不能出，乃俭饲己羊，而丰其刍于山羊，冀其驯服也。雪融出牧，山羊见山狂逸，牧者追詈之，曰尔何无情，风雪吃吾刍，既饱而逸。山羊顾语之曰，尔薄己畜而厚我，异日更得新羊，则尔之薄我，我亦犹是耳。（1906年最新初等小学国文教科书第 5 册课文）

《野彘》：野彘休于林中，以牙砺树根，勤勤不息。狐过之问曰：今无猎人与狗，足以害君者，奚自砺其牙为？野彘曰：凡事当防患于未然。临敌而砺，晚矣。（1908 年最新国文教科书商务印书馆初等小学用书第 3 册课文）

马、猴则多为中性，如《小马过河》。下面是清末的一篇课文《野马》：

野马行于空旷之地，据之为牧场。鹿过，窃啮其草，马追鹿，不及，恨甚，欲报之，乃谋诸人。人曰：汝苟能就衔辔，则将乘汝以图鹿。马急复仇，诺之。既鞍，而马悟曰：吾欲图复吾仇，乃转以身为人役耶。（1906年最新初等小学国文教科书第 5 册课文《野马》）

狐狸的智慧则多为狡猾的，如课文《狐狸和乌鸦》《狐狸列那》《狐狸分奶酪》《狐狸养鸡》《蝉和狐狸》《狐假虎威》等，下面是沪教版课文《狐假虎威》全文：

在茂密的森林里，有只老虎正在寻找食物。一只狐狸从老虎身边窜过。老虎扑过去，把狐狸逮住了。

狡猾的狐狸眼珠子骨碌一转，扯着嗓子对老虎说："你敢吃我？"

"为什么不敢？"老虎一愣。

"老天爷派我来管你们百兽，你吃了我，就是违抗了老天爷的命令。我看你有多大的胆子！"

老虎被蒙住了，松开了爪子。

狐狸摇了摇尾巴，说："我带你到百兽面前走一趟，让你看看我的威风。"

狐狸和老虎，一前一后，朝森林走去。狐狸神气活现，摇头摆尾；老虎半信半疑，东张西望。

森林里的野猪啦，小鹿啦，黄羊啦，兔子啦，看见狐狸大摇大摆地走过来，跟往常很不一样，都很纳闷。再往狐狸身后一看，呀，一只大老虎！大大小小的野兽吓得撒腿就跑。

凶恶的老虎受骗了。狡猾的狐狸是借着老虎的威风把百兽吓跑的。

这里是站在老虎的角度选用"狐假虎威"材料培养儿童识破假象的能力，其实站在狐狸作为弱者保全自己的角度来看，则其装腔作势、卑鄙龌龊的猥琐形象也可以理解。因此，智慧教育不仅在于智慧，还在于立场和价值观的教育。在这方面，正如洛克所说，"为求得智慧，我们对幼童所能做的最大的一件事，即是要防止他们变得狡猾，狡猾是对智慧的模仿，但却离智慧要多远就有多远"（《教育片论》第 209-210 页）。《金色的脚印》《狐狸养鸡》的课文就一改以前狐狸的狡猾形象，赋予它丰富的情感，让狐狸的爱压抑了其凶残的本性。还有像课文《月亮和彩云》《燕子妈妈笑了》《小蝌蚪找妈妈》《鸭子和白兔请客》《小猪画画》都是采用拟人手法让儿童明白只有仔细观察、认真思考，才能把事情做好。当然也有写人的，如《找骆驼》。

第二方面的智慧形象，是借助语文材料刺激智慧生成。这些材料多为反面教材，正如常言所说"吃一堑，长一智"，借助"一堑"去刺激智慧，借助课文中的某一形象的"吃一堑"的结果感悟来启迪智慧生成。这种材料主要有三类：

一是认识肤浅，缺乏预判，如《刻舟求剑》《揠苗助长》《掩耳盗铃》《守株待兔》《滥竽充数》《牝狗》等课文。下面是呈现关注当下、缺乏对未来预判能力的课文：

《牝狗》：牝狗将乳，求地于故人，以诞子，牧人许之。其子既生，狗复求暂居其地，以哺子，牧人又许之。迨子长，遂据其地。牧人至，则群起噬之，不令近也。（1908年最新国文教科书商务印书馆初等小学用第3册）

《枭逢鸠》：枭逢鸠。鸠曰：汝将安适？枭曰：我将徙于东方。鸠曰：何故？枭曰：西方之人，皆恶我鸣，故东徙。鸠曰：汝能改其声，西方仍可居也。若不改，东方之人，亦将恶汝矣。（1908年最新国文教科书商务印书馆初等小学用第3册）

牧人和枭都只关注当下，缺乏对事件未来发展趋势和环境变化的预判能力。

二是行为愚蠢，偏于一隅，如《自相矛盾》《郑人买履》《邯郸学步》《画蛇添足》《揠苗助长》《戒争》等，《戒争》描述了两个因纷争而失去所有的故事：

两饥猫得一饼，折而两之，患其不均，乃求判于狡黠之猴。猴谛视，曰：此片诚重于彼。言次，咬其半。又谛视之曰：今彼片又重矣，更咬之。二猫同声呼曰：已矣，速以见还。吾今不求均矣。猴曰：尔既就决于我，我必使其适均而后已。复咬之如是数次，而饼已尽。两猫忍饥而去。

两羊相遇于河上。河支一木为桥，狭甚，仅容一羊，二羊很不相让，甲羊曰：吾分可以渡是桥，桥不专属尔。乙羊曰：是桥之成，固为尔？亦正为我。争久之，甲羊挺足登桥，乙羊直前觚之，既接近，各触以角，均坠河中。[1915年中华民国初等小学用《（订正）最新国文教科书》第38课]

又如课文《驴与骡》，叙述了只顾眼前的私利而导致结果更糟的愚蠢行为：

骡夫挟一驴一骡，载重行远，及登高，驴蹶，因请骡分载所负，及平地而后还之，骡不许，驴不胜任，毙于路，骡夫取死驴之负，悉载诸骡背，并增以死驴之皮，骡大窘，自悔曰：吾罪良由自取，设吾预分驴之负，驴且不死，吾何由载其物，且兼载其皮。（1906年商务印书馆最新国文教科书第5册第59课）

课文《驱驴》则描述了缺乏结合自身实际进行思考、判断而盲从他人的荒唐行为：

有业磨者，将鬻其驴，率子驱以趋市，路人谓之曰：尔殆愚乎，何二人皆徒步而空其驴。业磨者闻之，令其子跨驴，己徒步随之。已而又遇群叟相语曰：彼童也，乃自跨驴，而令其父徒行。业磨者使其子下，自跨驴。又数步，见妇人在道周，唾而语曰：愚哉，叟也。乃忍令此童蹒跚逐尔乎？业磨者乃与子并骑行。殆近市复有人曰：驴属君也？业磨者曰：然。人曰：吾百思亦不意其为而驴也，果何忍尽驴力？今驴且惫，尔父子何不合力共肩之？业磨者思悦其人之意，假绳杖，缚驴足而倒肩之。路人见者，哗笑相逐，驴不胜楚，大嘶。登桥，绠断，驴坠入河，遂死。业磨者大恨，曰：吾唯欲徇人意，四易术而终丧其畜，甚哉。欲求人悦之，难也！（1906年最新国文教科书初等小学用第10册）

有的是执着地偏于一隅的认识而不自知、不反思，乃至陷入迷信，如课文《村人》：

有村人出樵于溪上，一树巨枝横出，如木桥。村人缘树，出斧伐其所登之枝。行人过其下，曰：樵者慎之，尔身据此干，斩干，不自坠其身耶！村人不省己而干断，身果坠，跛其足，追呼行者曰：先生，神人。神人卜吾坠，吾果坠矣。行者曰：此事理之至易知者，我固非神。村人又呼曰：神勿诳我，我今祈神，更告我以却死之方。行者知其愚也，不顾而去。

这个"村人"，不但不自省，反而视路人为神，复求避死之方，教科书以此愚蠢之至的典型来刺激智慧。类似的课文还有《我要的是葫芦》《天鹅、梭子鱼和虾》。下面是1978年全日制十年制语文课文《天鹅、梭子鱼和虾》：

有一次，天鹅、梭子鱼和虾，要把一辆货车从大路上拉回来。它们用绳子套好车，一齐使劲拉，可是车子一动也不动。

车上装的东西并不算重。只是天鹅拼命往云里冲，虾用力往后拖，梭子鱼使劲往池塘里拉。究竟哪个拉得对，哪个拉得不对，我不知道。我只知道车子还是停在老地方，一动也不动。

三是结果惨痛，教训深刻。这类课文主要是寓言故事，借助拟人动植物的遭遇，启迪儿童从故事中获取教训，如 1908 年最新国文教科书商务印书馆初等小学用第 3 册的课文《群羊》《鹬蚌相争》《鸦》，均揭示了惨痛结果所带来的教训。

《群羊》：群羊如山，以狗为卫。狼来，辄迎而啮之。狼不得逞，因语羊曰：吾何仇于尔，所恶者狗耳。尔诚去狗，誓不伤尔也。羊悦，谢狗，狗去，狼食羊。

《鹬蚌相争》：蚌方出曝，鹬啄其肉，蚌合而钳其喙。鹬曰：今日不雨，明日不雨，即有死蚌。蚌亦语鹬曰：今日不出，明日不出，即有死鹬。两者不相舍，渔夫见而并擒之。

《鸦》：群鸟议立君，以美者任之。鸦自知其丑，乃往深林之中，遍觅孔雀落羽聚饰其身，以为美莫己若也。群鸟知其诈，争啄去之，伤其皮，流血被体，旧毛尽落。

也有的揭示了利欲熏心、自私自利所带来的惨痛教训，如《争影》：

行人赁驴而行远，天方暑，觅阴莫得，乃伏于驴腹之下以避日，然驴腹仅蔽一人，驴夫与行人争之。驴夫曰："吾赁君驴，不赁君影。"行人曰：吾以钱赁驴，则影亦属我。语不相让，斗于驴下，驴惊而逸，行人与驴夫共追之，不获，懊丧而归。故曰：争虚者丧其实。

以上这三类刺激智慧的材料，在义务教育课程标准实验教科书中相对较少选用，即使有所选用，也主要是从我国史传典籍中抽取出来的，或从外国寓言故事中翻译改写过来的，如《狐假虎威》《邯郸学步》

《自相矛盾》《守株待兔》《南辕北辙》《刻舟求剑》《揠苗助长》《狮子和鹿》。

三、智慧形象的类型

语文课程是学校课程体系的基础课程之一。尤其在小学教育阶段，语文课程承担着识字教育、思想教育、知识教育、道德教育、启迪智慧等多重任务。教材之于儿童，在于供给他们一种适当的刺激，逐渐改良其本能和兴趣，帮助他们得到充分的发展。因此，选取和编制刺激智慧生成和发展的材料无疑是小学语文教材的一个重要内容。智慧主要指个体认识和对待外在事物的一种能力。《现代汉语词典》把智慧理解为："辨析判断，发明创造的能力"。《新华字典》理解为：对事物能迅速、灵活、正确地理解和解决的能力。（第 10 版，商务印书馆，2004 年 1 月）虽然没有点明这种能力究竟是指向处理社会事务还是自然界，但总的来说是指向外在事物，它包括两方面的活动：一是认识活动，二是行为活动。为此，本书把智慧形象分为认识关系的智慧形象和处理事务的智慧形象。

（一）认识关系的智慧形象

个体认识和对待自然事物的能力往往被看作智慧。正如夸美纽斯所说，"所谓智慧，岂不就是知道事物的真相吗？"但由于种种障碍，包括个体心灵所领会的事物太繁杂，心智贫弱缺乏健全判断，以及厌烦利用观察和反复的实验去领会事物真正的性质，等等，所以很少人能达到智慧的高峰，认识事物的最终真相。（《大教学论》第 43、66 页）。可见，认识关系的智慧形象只能是相对的、动态的，因此，从这类形象中获得的刺激作用主要是借鉴、启迪的作用，而不是刻板的，一成不变的关系认识。

关系是指人与人之间、人与事物之间、事物与事物之间的相互联系。个体处于各种关系中正确定位自身，认识自身，熟悉背景，了解事物等，并借以服务于自我发展，就是在养成智慧。清末民初的智慧形象秉承传统蒙学的取向，多为修身、处事到立世的关系认知，如《多言无益》《毋侧听》《毋窥私书》《戒惰》《戒贪》《戒妄》《戒轻率》《坚忍》《坚定》《死国》等。下面列举几篇清末民初的具体课文。

　　1. 修身类

　　修身类的智慧形象旨在启迪儿童养成换位思考和体验的意识和修养，人际间的矛盾和冲突很大程度上是因为各自只看到对方或他人言行的不合理以及对自身的伤害，很少会换位思考对方为何会有此类言行，也很少会设身处地去感受自己的言行给对方带来了什么样的影响。朱熹所谓"惩忿窒欲"就是要求多考虑自身随意的"忿""欲"给对方和他人带来的影响，而不是一味指责他人。选取这类课文就在于刺激和唤醒这类智慧。比如《多言无益》就是对多言者的提醒：

　　或问墨子曰：言以多为贵乎？墨子曰：蛤蟆日夜鸣，而人厌之，雄鸡一鸣，天下振动，言在当时而已，多言何益！（1908 年最新国文教科书商务印书馆初等小学用第 3 册课文）

　　课文《戒轻率》是对一味指责他人者的提醒：

　　居室所以藏身，非他人所得而侵也，有人于此，入他人之室，不待其主人之承诺，率然径进，得有不便于主人者乎？

　　昔者孟子既娶，将入私室，其妇袒而在内，孟子不悦，以告其母曰：妇无礼。母曰：何也？曰袒。母曰：何以知之。孟子曰：我亲见之。母曰：乃汝无礼也。礼不云乎，将入门，问孰存，将上堂，声必扬，将入户，视必下，不掩人不备也。今子不察于礼，而责礼于人，不亦远乎？夫家庭之内，夫妇之间，居室之权，相与共之，然而，进退之不可以苟也，如此，况其他乎？自爱者其慎之。（1906 年商务印书馆最新初等小学国文教科书第 9 册第 22 课）

《鸦与鸭》《永某氏之鼠》《蟆》是对率意而不自知的提醒：

《鸦与鸭》：有群鸭游池中，羽毛滑泽，逐水为戏，自以为乐也。鸦谓之曰，汝终日无事仰食于人，一旦客至，主人烹汝以宴客，又何乐乎？（1908年最新国文教科书商务印书馆初等小学用第2册）

《永某氏之鼠》：永有某氏者，拘忌异甚，以为己生岁值子，鼠子神也，因爱鼠，不畜猫，禁僮勿击鼠。仓廪庖厨，悉以恣鼠，不问。由是鼠相告，皆来某氏，饱食而无祸。某氏室无完器，椸无完衣，饮食大率鼠之余也。昼累累与人兼行，夜则窃啮斗暴，其声万状，不可以寝，终不厌。数岁，某氏徙居他州。后人来居，鼠为态如故。其人恶之。乃假五六猫，闭门，撤瓦，灌穴，罗捕之。杀鼠如丘。呜呼！彼以其饱食无祸，为可恒也哉！（1913年共和国教科书新国文高小用第1册课文）

《蟆》：二蟆同居小池，天久不雨。池涸，议他徙。路过一井，其一悦之，将跃入。其一曰：井水固佳，苟有他故不适吾意，又焉能出？故但顾目前而不图其后者，取祸之道也。

2. 处事类

人的一生需要面对许多不确定的事件或陌生的环境，智者能够超越习惯思维和狭隘认识，将处事的每一个决策和做法置于更宽阔的视野以及更长远的影响角度来考虑。如课文《乐羊子之妻》：

乐羊子既远游，久而未归，家有老母，其妻朝夕侍奉，克尽孝敬。一日，邻舍所蓄鸡，误入庭中，老母喜而攘之，妻谏曰：此邻之鸡，非我之鸡，去还之。母不应，杀以为食。妻对鸡而泣，母问故。妻曰：乐羊子不能养亲，致老母食人之食，自伤无才，不能救贫，故泣也。母闻其言，遂弃之。（1906年最新国文教科书初等小学用第10册）

乐羊子之妻劝说老母时，不只是就行为来论好坏，而是看到了事件对乐羊子的影响。人教版课文《钓鱼的启示》中不打破规则的父亲，《将相和》中的蔺相如等，都具有超越事件本身来认识处事的智慧。

课文《勿贪多》揭示了突破常规思维和经验的智慧,还有《司马光砸缸》《文彦博取球》等都属于这一类教材。下面是《勿贪多》原文:

瓶中有果,儿伸手入瓶,取之满握,拳不能出。手痛心急,大哭。母曰:汝勿贪多,则拳可出矣。(1908 年最新国文教科书商务印书馆初等小学用第 4 册)

人教版九年义务教育六年制小学教科书语文课文《找骆驼》《画风》《称象》《蜜蜂引路》等,都刻画了智慧形象。人教版义务教育课程标准实验教科书课文《玲玲的画》《画阳桃》《想别人没想到的》等,还涉及或体现了突破常规思维的智慧,以及展现情急生智的课文,如《杨氏之子》《晏子使楚》《半截蜡烛》。《玲玲的画》描写了玲玲不小心把精心画好了的准备参加比赛的画弄脏了,另画一张已来不及了。被急哭的玲玲在爸爸的启发下,在弄脏的地方画了一只小花狗,小花狗懒洋洋地趴在楼梯上。在第二天的评奖会上,玲玲这一有创意的画得了一等奖。《半截蜡烛》写伯诺德夫人、杰克、杰奎琳为了保住蜡烛里的秘密,智慧和勇敢地与德国士兵展开了惊心动魄的斗争。

3. 立世类

众所周知,"立身扬名"是许多中国人的人生追求,立身是前提,扬名是结果。教材中的名人大多是历史或现实中为国家和社会做出过重要贡献的人物,可以称得上"青史留名"者。如课文《死国》:

《死国》:楚白公作乱,庄善辞其母,将往死之。其母曰:弃母而死,可乎?对曰:闻之为臣者,内其禄,而外其身。今所以养母者,国之禄也。食其禄而不死其事,不可。乃命驾往。比至,三叹于车中,其仆曰:子有所恋乎?曰:念母耳。其仆曰:然则何不返?曰:念母,私也,死国,公也。君子不以私害公。卒与白公斗而死。(1906 年最新初等小学国文教科书第 5 册)

除了这些智慧形象之外,教材还通过塑造一些形象来说明智慧的立世之道。下面是三篇宣扬人生须有立身本领和立身原则的课文。

《吹竹》：鹿畏狼，狼畏虎，虎畏狮，狮绝有力，非他兽可能敌也。

楚之南有猎者，能吹竹为百兽之音，人闻之莫辨也。暮持弓矢，蕴火以入山，山故不深，少猛兽。猎者为鹿鸣，以感其类。至则发火而射之，未尝不得也，日以为常。久之鹿尽，乃更入深山以求之。既吹竹为鹿鸣，狼闻其鹿也，趋而至，其人恐，念狼畏虎，乃吹竹为虎而骇之。狼走而虎至，则愈恐。念虎畏狮，乃又吹竹为狮以骇之，虎亦亡去。狮闻而求其类，至则人也，捽裂而食之。

今人不善内而恃外者，未有不为狮之食者也。[1915 年中华民国初等小学用（订正）最新国民学校国文教科书第 8 册]

《猫与狐》：猫遇狐于林中，猫闻狐之聪慧，与之语，貌甚恭，且告以图食之难。狐闻言甚傲，睨视猫，久之，乃曰：尔非食鼠者耶，何为见询？且尔平日何所恃，试以语我。猫曰：我仅有一长，能升树耳。狐曰：仅恃此术，安足自救？我实无所不能。尔试就我，我将教尔愚人之术，及所以制犬者。语次，猎人以四犬至。犬见狐，即逐之，猫则上树坐于危枝，以观其所为。狐为犬获，仰见猫在树上，乃叹曰：设吾得有一长如猫，亦何至遽殒其命！[1915 年中华民国初等小学用（订正）最新国民学校国文教科书第 8 册]

《田仲》：齐有居士田仲者，齐王养以厚禄而不责以事，田仲安之。屈谷往见，而谓之曰：吾有匏，坚如石，厚而无窍，愿献之。仲曰：所贵夫匏者，为其可以盛也。今厚而无窍，则不能剖以盛物，吾无所用之。屈谷曰：今君仰人食，亦无益于人国，殆坚匏之类也。（1906 年最新初等小学国文教科书第 5 册）

以上三篇课文都是在强调赖以立世的本领。下面这篇课文《楚灭陈》则强调了立世的原则和底线。

《楚灭陈》：楚灭陈，坏其西门，使降民修之。孔子过而不式。子贡执辔而问曰：礼过众人则式，今陈之修门者众矣，夫子不为式，何也？

孔子曰：有国而不能守，既亡而不能死，又为仇敌尽力，以修此门，其人虽众，何足敬也？（1906 年最新初等小学国文教科书第 5 册）

到了 20 世纪 30 年代，动植物拟人化的智慧形象成了主流，而名人小时候的智慧形象相对减少。下面列举 1935 年世界书局出版的世界第一种国语读本的 3 篇课文：

《老鼠搬鸡蛋》：小老鼠想把一个鸡蛋搬到洞里，鸡蛋很重，小老鼠搬不动，大老鼠说，你抱着鸡蛋，我来拖你的尾巴。小老鼠说，好，好。大老鼠用力拖，就把鸡蛋拖到洞里了。

《贪吃的狗》：一只贪吃的狗，吃着一块肉骨头，走到一座小桥上，瞧见河里有一只狗，也吃着一块肉骨头，它想抢来吃，扑通一声，就跳下水去。后来，这只贪吃的狗淹得半死。

《老猴子》：老猴子戴了帽子，穿了衣服，走到园里，公鸡、鸭子、小猫看见了，都说："一个人来了！一个人来了！"老猴子听了，非常得意。

老猴子又走到街上。人们看见了，都说："猴子来了！猴子来了！"老猴子听了，很不快乐。老猴子走到田里。问黄牛说："牛公公，我已经变成了人，怎么人们仍旧叫我猴子呢？"

黄牛说："你要变成人，先要学人做的事。现在，你戴了帽子，穿了衣服，不会做事，怎能就是人呢？"

又如课文《小青虫》：

小青虫坐在桑树的叶子上，看见一只蜜蜂飞过。他喊道："活泼的蜜蜂先生，请你和我谈谈。"蜜蜂说："你这丑陋的东西，谁愿和你谈话！"

小青虫听了蜜蜂的话，一声不响，低头向树下看，瞥见一朵鲜红的玫瑰花，对着他笑。小青虫说："美丽的玫瑰姑娘，请你和我谈谈。"玫瑰花说："你这丑陋的东西，谁愿和你谈话！"

小青虫听了玫瑰花的话，十分惭愧，便伏在叶上，不吃，不动，也不招同伴谈话。

隔了十几天，小青虫的身体变了：头上长着一对活泼的触角，背上生出两对彩色的翅膀，嘴和脚都变得很纤细。他鼓动了翅膀，飞上飞下，身体很轻便。

蜜蜂在花心里瞧见了，忙招呼道："活泼的仙姑娘呀！快来快来！我把甜的蜜，送给你。"

玫瑰花在枝头瞧见了，也招呼道："美丽的女神呀！快来快来！我把香的花，献给你。"

桑树的叶子说道："蠢东西，他就是丑陋的小青虫，变成的蝴蝶啊！"[24]

进入21世纪，认识关系的智慧形象更多体现在奉献、友爱、尊严等主题上，如《巨人的花园》《搭石》《给予是快乐的》《跨越海峡的生命桥》《金色的鱼钩》《一次成功的实验》《自己的花是让别人看的》《她是我的朋友》《永生的眼睛》等体现了奉献精神；《穷人》《别饿坏了那匹马》《唯一的听众》《用心灵去倾听》《好汉查理》《将心比心》《窗前的气球》《争吵》《卡罗纳》《梦想的力量》《那片绿绿的爬山虎》《鲁本的秘密》《给予树》体现了人与人之间的友爱；《掌声》《尊严》《检阅》揭示了人格的平等和尊重。

（二）处理事务的智慧形象

个体基于各种关系的认识之下，总会对生活的环境以及相关的对象作出反应。反应的依据就是对关系的认识，反应的外在表现则是行为。南宋朱熹《白鹿洞书院揭示》把为学之序分为两方面：一方面是"穷理"，"学，问，思，辨，四者所以穷也"；另一方面是"笃行"，"若夫笃行之事，则自修身以至于处事，接物，亦各有要"，其中修身之要"言忠信，行笃敬，惩忿窒欲，迁善改过"，处事之要"正其义不谋其利，明其道不计其功"，接物之要"己所不欲，勿施于人。行有不得，反求诸己"。清末民

---

[24] 魏冰心.儿童读物研究[J].世界杂志，第2卷第2期.

初的教材呈现了许多历史人物如何为人处世、待人接物的故事，如黄香暖席，赵至孝亲，孔融让梨，邴原不拾遗，张元不取邻家果，贾易节俭，匡衡好学，司马光戒诳语，刘宽宽恕婢女，韩乐吾周济朋友，王览爱兄，魏文侯守信不失约，陶侃惜时，子罕以不贪为宝，徐湛之先人后己，韩康口不二价等；也有体现勇武和智慧的，如宗悫拒盗，王戎不怕虎，文彦博树穴取球，司马光砸缸救人，杨布打狗，孙亮辨伪，曹冲称象等。这些人物形象揭示了符合社会道德价值和规范的言行智慧，为儿童成长提供了处理事务方面的学习和效仿对象。后来的教材虽然不再热衷于选用历史典籍中的人物作为效仿对象，但保留了待人接物方面处理事务的智慧形象，同时还增加了与自然和谐共处的智慧形象。

1. 待人处事类

待人处事，顾名思义，是指对待、接待人和处理事情、事物，这方面的智慧属于情商的范畴。它要求体现真心、恕心、良心和恒心。

真心就是指自己真诚地待人处事的行为动机不会因为条件和环境的变化而改变。比如课文《季札挂剑》中的季札，在一次出使晋国途中，顺道拜访了朋友徐君，徐君对他腰间那把宝剑很是喜欢，虽没有说出来，但季札看出来了。季札正要出使大国，不便把宝剑送人，但心中却有送他的意思。等到季札从晋国回来，再经过徐国，徐君已经死去了。季札不欺心，坚持要把剑送给徐君的儿子，徐君的儿子不肯收，他只好来到徐君坟前，把剑挂在坟头的树上。时人赞颂他说："延陵季子兮不忘故，脱千金之剑兮带丘墓！"有些版本以《不欺死友》为课文标题来叙述这一事件，体现了季札的真心馈赠。《给予树》中的金吉娅真心送给小女孩洋娃娃，《她是我的朋友》中阮恒的献血行为，《称赞》中的小刺猬与小獾互送礼物都是真心的。与真心相对的是假意和虚伪，如课文《蓝树叶》中的林园园，不是真心愿意借出绿铅笔，于是弄出"我还没有画完呢""我怕你把笔尖弄断了""不要削，画的时候不要用力，不要画得太多！"等借口和附加条件。有的甚至发展为欺诈，如课文《信实》写两个农民张甲和李乙，担物到集市出售，中午集市将散，张甲余一大瓜，李乙剩一些牡蛎。张甲直言所剩之瓜非佳品而未售出，李乙诈称所剩之牡蛎新鲜而得以善价售出。"明日客复至甲处市物，并言甲乙诚伪之故，市人竞传之，自是甲至市场购者多，所担顷刻尽。乙待至市散，无与贸易者，乙家顿贫，而甲生计日裕，故曰：巧诈不如拙诚。"

良心是指个体内心的一种是非感，也是对履行责任和义务的一种自觉意识和情感体验，表现为具有一种做善事的责任感和做恶事的内疚和悔恨。比如孝敬父母和师长，付诸行动的责任意识和做法，孔子就说："父母在，不远游，游必有方"，也是一种智慧。课文《事母》：

朱女年十余，事母甚孝，母病初愈，不思饮食。女忧之，乃取牛乳，和糖煮之，盛于杯中，捧以奉母，母尝之，味颇适口。（1912 年戴克敦等编写的订正女子国文教科书第 3 册第 41 课）

课文虽然是宣扬孝道的题材，但也反映出朱女解决母亲不思饮食问题的智慧。还有《她是我的朋友》《给予是快乐的》《中彩那天》《万年牢》等，都是体现了良心的智慧行为。《万年牢》中的父亲坚持凭着良心做买卖，不做亏心买卖。

恕心的"恕"有原谅、恕宥之意，以自己的心推想别人的心。明代思想家吕坤说："恕心养到极处，只看得世间人都无罪过。"孔子说"己所不欲，勿施于人"，都是恕心的表现。恕心指向外在于己的对象时，需要宽容、理解，如课文《刘宽》：

刘宽整衣冠，将入朝。侍婢捧羹进，偶失手，羹污其衣。婢惶恐，遽以手收之，宽神色不变，徐言曰：羹得毋烂汝手乎！

指向于自身时，需要"惩忿窒欲，迁善改过"，需要"行有不得，反求诸己"，后者如课文《宋太祖》：

宋太祖好猎，一日独骑逐兽。马蹶坠焉，太祖大怒，拔剑欲刺马，既而悔曰：我自不慎，以取颠困，马又何罪？乃舍之。

《争吵》中安利柯的心理活动描写也体现了这种自我检讨，反思自己的心理活动：

我觉得很不安，气也全消了。我很后悔，不该那样做。克莱谛是个好人，他绝对不会是故意的。我想起那次去他家玩，他帮助父母亲干活，服侍生病的母亲的情形。还有他来我家的时候，我们全家都诚心诚意地欢迎他，父亲又是那么喜欢他的种种情形来。啊，要是我没有骂他，没有做对不起他的事该有多好！我又记起父亲"应该知错认错"的话来。但是，要我向他承认错误，我觉得太丢脸。我用眼角偷偷地看他，见他上衣肩上的线缝都开了，大概是因为扛多了柴的缘故吧。想到这里，我觉得克莱谛很可爱，心里暗暗说"去向他认错吧"，可是"请原谅我"这几个字怎么也说不出来。

恒心是指以持之以恒的毅力对认定事情的付出，如课文《跨越百年的美丽》中的居里夫人，执着地探求放射性物质，最终提取了镭，这种艰难历程中所体现的恒心也是一种待人处世的智慧。民国初年的教材很重视编制这类有恒心的教材。课文《力学》写了一个被人取笑为钝人的儿童，在受到一个老妪的教导后，发奋学习，争得了第一。课文同样揭示其心理：

童子自念曰：吾力虽不及童，何至不如蜗牛，于是旦夕勤读不息。及期，将颁赏，群童咸集颂此诗，毕五六人后，及至此童，众皆腾笑，以为必格格不出口。然童背诵时，竟不舛一字。师曰：尔颂诗佳。迨全班俱毕，童第一，得上赏。

课文《坚忍》塑造了饱受挫折而不气馁的智慧形象：

昔有一国，见迫于敌，每战辄北，势甚危急，国中豪杰，相聚距敌，力亦不支，徒党四散。首领循入山中，值暴雨，遍体淋漓，匍匐入树下，疲极仰卧，万念俱灰。忽见一蜘蛛，布网于树，新雨之后，树枝方湿，狂风又时至。丝粘而复断者数矣，蜘蛛终不倦。仆仆往来。久之，网成。

首领乃攘臂而起曰：蜘蛛小虫耳，犹坚韧若是，吾辈一遭挫折，遽自馁其志，岂可为人乎？遂归，号召同志，具告以故，互相激励，大军复集，卒却敌兵。国赖以全。[1915 年中华民国初等小学用（订正）最新国民学校国文教科书第 8 册]

2. 与自然和谐共处类

曾经有相当长一段时间，人类陶醉于科技发展带来的繁荣和便利，把征服自然，成为大自然的主人以及向自然索取作为人类的伟大成就加以宣扬，20 世纪的语文教材或多或少受这种意识的影响，正如课文《鲍氏子》里的众客，都存在"天之于人厚矣！殖五谷，生鱼鸟，以为人用"的强者思想。21 世纪义务教育课程标准实验教科书课文《一个小山村的故事》就突出了人需要与自然和谐相处的主题。这篇课文讲述了一个美丽的小山村，由于人们过度砍伐树木，致使土地裸露，极大地削弱了森林的防护能力，终于在一场连续的大雨之后，咆哮的洪水将小山村卷走，课文耐人寻味的结尾是"什么都没有了——所有靠斧头得到的一切，包括那些锋利的斧头"。

正是意识到人类过分的索取会带来自然的惩罚，才有对人与自然和谐相处的智慧教材的选用和重视。《父亲和鸟》写出了父亲对鸟的熟悉，简直是鸟的知音，课文结尾一句"我真高兴，父亲不是猎人"，表面看是写父亲，实际上不但写出了"我"对鸟的关爱，而且揭示了父亲如此全面了解鸟的习性并不是为了抓捕鸟，而是为了让鸟活得更快活。《浅水洼里的小鱼》写成百上千的小鱼儿被海水送进了海滩上的浅水洼，一幅多么有趣的现象！有人也许会捡回家享受这海中的美味，有人也许会观赏这些小鱼在烈日下的沙滩上如何挣扎至死，有人也许会将跳跃的小鱼儿埋起来，如此等等，但文中的小男孩却是将小鱼儿一条一条地捡起来，用力扔向大海。他不是凭着一时的好奇在玩一种游戏，而是在执着地完成一项使命。在他眼里，一条小鱼就是一个生命，捡一条小鱼就是在挽救一个生命！尽管这么多的小鱼，他是捡不完的，但他在尽力地捡着，扔着。小男孩的行动令人肃然起敬，传递了"保护动物，珍惜生命"的智慧。《爷爷和小树》以孩子的口吻讲述了爷爷和小树之间的事：冬天，爷爷为小树御寒；夏天，小树为爷爷遮阳。人与树之间的关系亲密、和谐使学生可以潜移默化地受到爷爷爱护小树的行为感染，从小养成爱护花草树木的意识。《路旁的橡树》写筑路工人与工程师为了保护一棵橡树，使公路在橡树边拐了一个马蹄形的弯，既保住了橡树，又不改变筑路计划，体现了具有环境保护意识的智慧。《燕子专列》讲述的是和燕子有关的故事。有一年春天，欧洲的瑞士气温骤降，风雪不止。从南方飞回北方的燕子经过瑞士时，找不到食物，面临死亡的危险，瑞士政府得知这一情况后，呼吁人们寻找冻僵的燕子，将它们送到车站，并用带有空调的列车将这些燕子送到了温暖的地方，传递出人类对鸟儿的关爱，宣扬了保护动物的主题。人教版义务教育实验教科书还专门编选了一组课文，从不同的角度，描写了在不同年代、不同国度里发生的人与动物、动物与动物之间的感人故事。比如《老人与海鸥》讲述了一位普通老人与海鸥之间建立了深厚的情谊；《跑进家来的松鼠》介绍一只可爱的松鼠到"我"家后发生的一系列趣事，表达了我们一家对松鼠的喜爱；《最后一头战象》再现了战象嘎羧生命里最后的辉煌与庄严，以饱含深情的笔触歌颂了战象善良、忠诚的品质；《金色的脚印》则描述了正太郎与狐狸一家之间的纠葛，展现了动物之间生死相依的亲情，赞美了人与动物之间相互信任、和谐相处的美好情感。

至于对人类生活环境的依存和热爱的课文，也在21世纪的教材编制中受到了关注。《清澈的湖水》写小洁对那像镜子一样清澈湖水的呵护，展示了她的环保意识和自我控制能力。《乡下人家》描绘了一幅自然、和谐的田园风光：碧绿的藤蔓，美丽的鲜花，觅食的鸡群，嬉水的小鸭，展现了乡下人家自然和谐、充满诗意的朴实生活，隐含了人与自然融为一体、和谐相处的向往。《"打扫"森林》讲述了一个发人深省的故事：从前德国有个林务官，一上任就命令护林工人把森林里的灌木、杂草、枯枝烂叶砍光除尽，结果此举破坏了大自然的生态平衡，好心办了坏事，把森林渐渐给毁灭了。围绕"珍惜资源，保护环境"这一主题，引导学生多角度、多层面地感悟人类生存与自然资源和生态环境的密切联系，为地球家园美好的明天尽自己的一份力。人教版义务教育实验教科书也编排了4篇课文：《只有一个地球》阐述了人类的生存"只有一个地球"的事实，呼吁人类应该珍惜资源，保护地球；《大瀑布的葬礼》讲述了人们为塞特凯达斯大瀑布举行葬礼的故事，号召人类要重视和保护自然界的生态平衡；《这片土地是神圣的》记述了印第安人对土地深深的留恋和眷顾，表达了人类应该珍惜和热爱土地的强烈情感；《青山不老》讲述的是一个山野老农，他将毕生精力用于植树造林工作，以此来实现自己的人生价值，同时造福子孙后代。四篇课文都折射了珍惜资源、保护环境的智慧。

四、智慧教材的价值考量与选取

语文学习不仅是学习语言文字，同时也是情感熏陶和人格养成的过程。因此，教材编制者必须对教材进行周全、审慎的考量，尽量减少教材的不良暗示或负面影响。如民国时期商务版课文《打破两个瓶》：

油一瓶，酒一瓶，瓶上各有一条绳。拿着绳，挂上钉，啪的一声响，打破两个瓶；油全流完酒不剩。啊哟！墙上不是钉，是个活蜻蜓。明天看见活蜻蜓，就说："你今活不成；给你一巴掌，送了你的命。"啪的一声响，打破手掌血不停。啊哟！墙上不是活蜻蜓，是个大铁钉。

这个故事虽然能激发学生的学习兴趣，逗儿童玩乐，但它有使儿童对人失去同情的暗示以及体现残忍的一面。语文教材的不良暗示或负面影响可能出现在课文的材料、结构、主题和语言以及课文插图、课后思考题、课文单元组织等诸多方面，它对儿童的态度和价值观有潜移默化的作用。需要教材编制者用教育的眼光去全面估量和发现，同时也需要社会各界对语文教材给予更多的评论。

智慧教育需要具体的材料作为依托。一篇材料到手，首先要用教育的眼光从各方面进行估量，不合于教育目标的，或者容易产生流弊之处，虽合于儿童心理，也不是好教材。儿童喜欢新奇，但也不能一味地迎合新奇而选取荒诞和不可能的内容。成人与儿童之间有许多差异，虽说教材的选取必须符合儿童的心理，不能用成人的眼光来替儿童选取教材，但是，成人主导的教育毕竟担负着改造儿童天赋中蛮性遗留的责任，成人懂的，儿童不懂的材料可以不给；成人懂得多，但儿童不一定懂得那么多的内容，或者对于儿童和成人都懂的内容，则必须认真斟酌其中是否有引起蛮性和恶作剧的内容，总之，不管儿童喜欢还是不喜欢的材料，也不管儿童易懂还是难懂的内容，只要是提供给儿童照耀智性的课文，就必须仔细考量其具有的潜在影响力，这些影响可能是积极的、良好的，也可能是消极的、不良的。对于消极的、不良的影响，教师在教学过程中要有清醒的认识，否则，教材育人功能的最大化会受到削弱。

（一）教育主题的多样性

教育材料的选取，其立意是期望儿童通过材料学习能够朝着健康的、积极的方向发展。但是，由于每一篇课文都可看作多样解读的文本。正如《九年制义务教育语文课程标准》指出："语文课程丰富的人文内涵对人们精神领域的影响是深广的，学生对语文材料的反应又往往是多元的"。多元反应必然会存在超出教材编制者立意和预想效果的现象。就《狐狸和乌鸦》的寓意来说，希望孩子们擦亮眼睛，识破狐狸吹牛拍马或撒谎骗人的伎俩。这实际上就存在把儿童预设为容易上当受骗的、傻里傻气的人。试想，哪一个孩子愿意成为这样的人？因此，他们很可能为了不成为像乌鸦那样被人耻笑的傻瓜，而宁愿把狐狸这种欺骗者形象作为效仿对象。于是儿童从教材中学到的就不是预防受骗的教训，而是实施欺骗的伎俩。可见，一则语言材料是否可以选作课文或选作课文时应该如何进行改写，斟酌、考量是多层面、多角度、多样化的，否则，不良暗示就容易受到张扬和强化。再来看《牝狗》和《蓝树叶》，牝狗将乳，求地于牧人以诞子，这是现实困难。牧人同情它，值得肯定。但后来的发展却让牧人变成了受骗的对象：牝狗从暂借到暂居，再到据为己有。牧人的同情换来了受骗，善意换来了恶报。作为受教育者，从这一材料中获得的效果就会有多种可能，有的悟到的可能是牝狗的言行，有的看到的可能是牧人的善意，也有人可能体验到的是牧人的识人不透，或者是牧人缺乏远见的愚蠢，如此等等，不一而足。那么，作为教育者，就必须结合时代和现实实际去认真考量其价值取向，以推动儿童智慧的生成。《蓝树叶》旨在教育儿童做人要慷慨大方、爽快纯真的故事。但也有可能让一些学生学到委婉拒绝的伎俩以及转弯抹角的虚情假意。因此，教师教学时必须上升到为人处世的角度来开展智慧教育，否则就可能使学生获得"聪明反被聪明误"的结论。最后值得提出的是，教材编制带来的良与不良的暗示是相对的，评判标准有一定的时代性和民族性，教材主题的多样性折射出教育的复杂性，需要教师多从教材中参悟出与时代主流价值体系，诸如公平、公正、法治、爱国等相吻合的主题进行教材的解读和训练。比如，可以结合课文《楚灭陈》开展国家认同的教育。还有像《狐假虎威》《狼和小羊》，都存在多样主题，关键看教师怎么去挖掘才能看成良性暗示。不能以个人的爱恶给教材乱扣不良暗示的帽子，也不能因为有了不良暗示就把教材一棍子打死，这样都不利于教材的建设和发展。比如"狐假虎威"的成语故事本意是想培养儿童识破假象的能力，但同时也反映了官僚政客的猥琐形象，于是有人就主张宁可使幼小者终身不懂"狐假虎威"这句成语，也不愿在他们幼稚的头脑上留着这条成语所指种种鬼鬼祟祟、卑鄙龌龊的事实的影子。事实上，狐假虎威的成语故事尽管有不良暗示，但几千年来我国人民一直都在学习和沿用。因此，人们需要在教材的良与不良暗示中做出权衡，尤其是教材编制者和课堂教学中的教师，不但要做出这种权衡，而且要尽量对不良的暗示做出淡化和抑制的处理。

（二）发明创造的主动性

发明创造是人类更好地利用自然、改造自然的一种手段，它既有创造新事物、新方法的意思，也有发表新观点、新认识的含义。自清末到民国的很长一段时间，在发明创造涉及利用和改造自然方面，一直不很受重视。20世纪30年代开明国语课本有1篇课文《穷人和富人》，写一个穷人向富人请教致富之道，富人回答说，我确实有致富方法，我这里什么东西都是偷来的。穷人一听马上回去偷，结果被抓进监狱，三年之后穷人从监狱出来，去质询富人。富人说，你没听我说完就走了，我的偷和你的偷不同，我种田，耕地，收了五谷，凿石，伐木，造了房子，打猎，捕鱼，有了鸟、兽、鱼、虾，我用各种东西做工具，叫风、水、阳光做伙伴，这些自然的东西，我偷了来，而你偷的却是人家辛辛苦苦得来的，应该由他享用的东西。教材所选取的智慧形象对于如何从自然中偷东西的内容，像大禹治水、曹冲称象、司马光砸缸救人等智慧形象，虽然体现了主动性，但相对较少。而大多是针对人际关系的认识和处理的内容，诸如《死国》《将相和》《晏子使楚》等。就司马光砸缸、张衡数星星的主动性而言，司马光在同伴掉入缸里，众人慌张的情况下，保持了冷静的智慧，但其智慧的行为是不是只有通过砸缸来体现？这就需要教师结合具体情况对儿童加以引导。张衡数星星的行为，其实很多小孩子有类似的童年经历：夏天乘凉，躺在妈妈、奶奶等长辈的怀里，仰望星空，不自然地计算起星星来。这时候长辈大多会阻止说：傻瓜，星星是数不完的。张衡的奶奶正是这样说："傻孩子，又在数星星了。那么多星星，一闪一闪地乱动，眼都看花了，你能数得清吗？"张衡回答说："星星是在动，可不是乱动。您看，这颗星和那颗星，中间总是离那么远。"专心、认真的观察体现了张衡的智慧，而张衡的爷爷给予张衡的肯定以及对现象的详细解释才是进一步延续张衡的探究好奇心的直接动力。相信许多孩子有出于好奇心而产生的无数稀奇古怪问题，但由于缺乏像张衡的爷爷那样的主动引导，结果导致探究的欲望稍纵即逝，没有延续性和系统性。因此，张衡的爷爷的主动性与张衡的创造发明的主动性同样重要，是成就张衡成为著名天文学家的重要影响力。

21世纪的小学语文教材还有许多关于主动发明、发现、创造性解决问题的故事，如《邮票齿孔的故事》写阿切尔在一个偶然的机会下，看见一个人用别针在每枚邮票的连接处刺上小孔，那邮票便很容易、很整齐地被撕开。受此触动，他发明了带齿孔的邮票，其智慧在于做生活中的有心人，留意身边事，多动脑筋思考研究。《世界地图引出的发现》写德国地球物理学家阿尔弗德雷·魏格纳在病房中意外地发现非洲的西海岸和南美洲的东海岸形状十分吻合，从而推测太古时代地球上的大陆是连在一起的巨大板块，后因大陆不断漂移，才形成今天的各个大陆。魏格纳的智慧在于对意外发现的好奇心推动下而做出的大量考证工作，最终找到许多事实后提出了大陆漂移说。正如课文《真理诞生于一百个问号之后》认为，科学技术发展史上的定理、定律、学说的发现者、创立者，差不多都善于从微小的、司空见惯的现象中看出问题，追根求源，最后找到真理。《真理诞生于一百个问号之后》还列举了三个从很平常的事情中发现真理的事例：美国的谢皮罗教授从洗澡水的旋涡中推断出与地球自转的关系，英国的波义耳从盐酸会使花瓣变红中探究发明出酸碱试纸，奥地利医生从儿子做梦时眼珠转动的现象，推断出凡睡者眼珠转动时都表示在做梦的认识和结论。最后对三个典型事例作总结，强调这三个事例"都是很平常的事情",却都发现了真理。因此,只要有问题意识驱动下的探究活动,就一定能从中有所发现,有所发明,有所创造。向儿童展示科学并不神秘,也不遥远,关键在于见微知著,善于独立思考,执着探究。不过,教科书中大部分体现主动发明和发现智慧的科学家,几乎都是外国人,除了上面列举的之外,还有像瓦特、爱迪生、富兰克林,等等。确实,自鸦片战争以来,西方的科学技术一直走在世界的前列,但是,从教育的角度来说,文化自信的教育也应该多从中国人的发明、发现和创新方法中去开发智慧教育的课程资源。纵观清末以来的小学语文教材,尤其是21世纪的教材,选取我国科学家和工程师的课文比较少,而且主题多是为了争气、骨气和志气时才呈现的智慧,如童第周解剖青蛙,詹天佑建铁路。这些事件的成功虽然体现了中国人的智慧,但是处于这种状态下的宣扬,就容易给人留下不良暗示,即中国人在发明创造上是处于弱势的、不行的默认状态,正如课文《一定要争气》中童第周的想法:"一定要争气。中国人并不比外国人笨"。有这种想法的前提就是本身存在"中国人比外国人笨"的不自信心态。李四光小时候对大石头的好奇,也是由于留学回来才解开的。课文这样写道:

这块突兀的大石头到底是怎么来的?为什么它的四周都是平整的土地,没有一块石头呢?这个问题李四光想了许多年。直到他长大以后到英国学习了地质学,才明白冰川可以推动巨大的石头旅行几百里甚至上千里。

后来,李四光回到家乡,专门考察了这块大石头。他终于弄明白了,这块大石头是从遥远的秦岭被冰川带到这里来的。经过进一步的考察,他发现在长江流域有大量第四纪冰川活动的遗迹。他的这一研究成果,震惊了全世界。

鉴于这种现象,教材在体现发明创造的主动性的智慧上,可以适当挖掘中国人如何发明造纸术、指南针、火药及印刷术的过程,以及鲁班如何发明锯子，李时珍如何上山采药尝百草，祖冲之如何推求圆周率数值等经历。这些都有助于提升中华民族的自豪感和文化自信，是国家赋予教育的时代使命。

（三）智慧行为的体验性

智慧形象的言行，必须体现积极的、阳光的、友善的体验性，而不是消极的、阴暗的、惨酷的体验性。比如，《黔之驴》中驴的下场不免惨酷，《狐假虎威》中狐狸的狡猾不免阴暗。类似这些以愚蠢或狡猾的行为表现材料来刺激智慧，对于儿童来说，获得的正面教育价值与负面的内心体验是同时存在的。至于如何才能利用好这些教材，充分发挥其正面的教育价值，淡化其负面影响，主要取决于教师的教学引导。

当前义务教育课程标准实验教科书中的课文《狐假虎威》，无论是人教版还是沪教版，或者是其他版本，都是基于把狐狸当作内心阴暗的狡猾形象来塑造的，而将老虎当作受骗的对象来呈现，下面是不同版本的《狐假虎威》课文的最后一段：

凶恶的老虎受骗了。狡猾的狐狸是借着老虎的威风把百兽吓跑的。(沪教版)

老虎信以为真。其实他受骗了。原来，狐狸是借着老虎的威风把百兽吓跑的。(部编人教版第3册)

原来，狐狸是借着老虎的威风把百兽吓跑的。(苏教版第4册)

老虎不知道百兽是害怕自己才逃跑的，还以为真是害怕狐狸呢！(语文S版第5册)

老虎不知道这些野兽是怕自己才逃跑的，还以为它们真的怕狐狸呢！(湘教版第5册)

这个故事选自《战国策》，原文如下：

荆宣王问群臣曰："吾闻北方之畏昭奚恤，果诚何如？"群臣莫对。

江一对曰："虎求百兽而食之，得狐。狐曰："子无敢食我也！天帝使我长百兽，今子食我，是逆天帝命也。子以我为不信，吾为子先行，子随我后，观百兽之见我而敢不走乎？"虎以为然，故遂与之行。兽见之皆走。虎不知兽畏己而走也，以为畏狐也。今王之地方五千里，带甲百万，而专属于昭奚恤。故北方之畏昭奚恤也，其实畏王之甲也，犹如百兽之畏虎也。

从原文可以看出，无论是在当时的语言背景下，还是后来凝练成了"狐假虎威"这一成语，其寓意都是一致的，那就是用来比喻那些仰仗或倚仗别人的权势来欺压、恐吓人的一类形象。狐狸就是这样一种形象，它代表了强者的跋扈和狡猾，而不是弱者的自保和机智。民国时期的教材编制专家朱文叔在谈到语文选材标准时曾提出这样的看法，他说："要多用中国故事，但必须注意除去其封建思想，士大夫阶级的传统意识尤须扫除净尽，使在国语读本中不见痕迹。依这个观点说，狐假虎威和鹬蚌相争虽同是有权威的中国故事，但后者不妨用，前者可就不能用，因为'狐假虎威'正是官僚政治最大的缺点，我们宁可使幼小者终身不懂'狐假虎威'这句成语，不愿在他们幼稚的头脑上留着这句成语所指种种鬼鬼祟祟、卑鄙龌龊的事实的影子。"[25] 其不想采用的原因是因为看到了"狐假虎威"故事所带来的不良体验，而选用者的本意则是想借此作为培养儿童识破假象的能力和智慧的材料，这一点从课文的最后一段可以看出，每种版本几乎都不忘加上"老虎受骗了"的解释。其实，单从教科书呈现这一寓言故事来看，狐狸作为弱者，在被老虎抓到后寻求自保，是一种被动的应急的反应，而不是主动的有预谋的策略，这种表现究竟是智慧还是狡猾？值得考量。作为弱者，在狐狸身上体现出来的应急智慧，比司马光砸缸救人更值得肯定，因为它是一种积极的智慧行为体验，对于刺激儿童的智慧生成，不失为优良材料。但是，作为强者，或者作为展现政客之类猥琐、龌龊的形象，狐狸的表现确实显得相当狡猾，而这

---

[25] 朱文叔 . 关于小学国语读本的几个重要问题 [J]. 中华教育界 ,1931,19(4).

种认识则必须结合原文以及成语的本意来加以理解。但是，自民国以来，寓言故事《狐假虎威》一直只是从原文中截取寓言故事部分来作为小学语文教材，原有的对话语境儿童根本无法体验到。可见，缺乏智慧行为的体验性，而硬要儿童能认识或识破狐狸是如何采用狡猾的伎俩欺骗了老虎，是不太可能的。为此，即使每种版本的课文都在后面加上"老虎受骗了"的说明，也难以培养儿童识破假象的能力。智慧行为的体验性要求尽可能让儿童能够有设身处地的感受，并进一步启迪其思考。

第六章　小学语文教材中职业形象的塑造

职业是个人在社会中所从事的作为主要生活来源的工作，反映了个体利用自身的付出，包括精力、体力、知识和技能等，为社会创造物质财富和精神财富，并获取合理报酬的活动。它既是个体物质生活的来源，也是个体精神需求的满足。"职业"（Occupation）、"工作"（Job）、"职位"（Professional Position）三者是密切相关的概念，但侧重点不同，"职业"是由社会不同专业领域中的一系列服务行为组成的，比较宏观，既是动态的，也是静态的，"职位"是和分配给个人的一系列具体任务直接相关，和参与工作的个人相对应，有多少参与工作的个人，就有多少个职位，主要是静态的。"工作"是由一系列相似的职位所组成的特定专业领域行为的指称，主要着眼于动态。本文探讨的职业形象与这三者都有关联，不过，更多地是站在社会分工中的从业者形象的角度来探讨。

一、职业分类

职业是人类在社会生活和生产过程中的分工现象。早在先秦的《孟子》中就有探讨，《孟子·滕文公上》有这样一段描述：

陈相见许行而大悦，尽弃其学而学焉。陈相见孟子，道许行之言曰："滕君，则诚贤君也；虽然，未闻道也。贤者与民并耕而食，饔飧而治。今也，滕有仓廪府库，则是厉民而自养也，恶得贤！"

孟子曰："许子必种粟而后食乎？"曰："然。""许子必织布然后衣乎？"曰："否。许子衣褐。""许子冠乎？"曰："冠。"曰："奚冠？"曰："冠素。"

曰："自织之与？"曰："否，以粟易之。"曰："许子奚为不自织？"曰："害于耕。"曰："许子以釜甑爨，以铁耕乎？"曰："然。""自力之与？"曰："否，以粟易之。""以粟易械器者，不为厉陶冶；陶冶亦以其械器易粟者，岂为厉农夫哉？且许子何不为陶冶，舍皆取诸其宫中而用之？何为纷纷然与百工交易？何许子之不惮烦？"

曰："百工之事，固不可耕且为也。""然则治天下，独可耕且为与？有大人之事，有小人之事。且一人之身而百工之所为备，如必自为而后用之，是率天下而路也。故曰：或劳心，或劳力，劳心者治人，劳力者治于人；治于人者食人，治人者食于人，天下之通义也。"

孟子认为分工是天下之通义，这种认识在清末最新国文教科书中也有体现，其第 10 册第 8 课《分业之利益》这样写道：

一人各治一业，则事似迂而程功甚速。一人兼治数业，则事似便而操业难精。于是分业之事以起。

有木工语其妻曰：吾挥斧抛鑿，用力既多，甚以为苦。妻曰：吾事炊饭缝衣，亦不堪其繁冗。由是夫妻谋相助，俾剂于平。日则共往工场，食时同炊爨，夜亦同事裁缝。岂知妻就工终日，板不成斲，且毁刀鑿，伤指，妨缝纫。夫对竈燃火，饭既焦不可食，剪裁终夜，屡误屡改，尽束布无一成者。彼此心力俱瘁，工作皆无效，乃大悟分业之便。更约如初，而工事家事均就绪。

近世工艺益进，而一业之中，往往以多人分任之。譬如制针者，自冶铁，抽丝，穿孔，磨光，以至于包裹，人专一事，各不相谋，较之一人独为者，其省货多，而物且倍良。此分业之利益也。

社会分工是职业分类的依据。《汉书·食货志上》载："士农工商，四民有业。学以居位曰士，辟土殖谷曰农，作巧成器曰工，通财鬻货曰商。"这只是笼统的社会分工。职业是在这种笼统分工下的具体分化和表现，随着社会的发展，有些职业可能消失，有些职业可能兴起。我国目前的职业分类，主要有两种标准分类。

　　第一种是根据国家统计局、国家标准总局、国务院人口普查办公室1982 年 3 月公布，供第三次全国人口普查使用的《职业分类标准》。该《职业分类标准》依据在业人口所从事的工作性质的同一性进行分类，将全国范围内的职业划分为 8 大类，64 中类，301 小类。其中 8 个大类的排列顺序是：第一，各类专业、技术人员；第二，国家机关、党群组织、企事业单位的负责人；第三，办事人员和有关人员；第四，商业工作人员；第五，服务性工作人员；第六，农林牧渔劳动者；第七，生产工作、运输工作和部分体力劳动者；第八，不便分类的其他劳动者。在 8 个大类中，第一第二大类主要是脑力劳动者，第三大类包括部分脑力劳动者和部分体力劳动者，第四、五、六、七大类主要是体力劳动者，第八类是不便分类的其他劳动者。

　　第二种是根据 1985 年实施的《国民经济行业分类和代码》进行的分类。这项标准主要按企业、事业单位、机关团体和个体从业人员所从事的生产或其他社会经济活动的性质的同一性分类，即按其所属行业分类，将国民经济行业划分为 13 个门类：（1）农、林、牧、渔、水利业；（2）工业；（3）地质普查和勘探业；（4）建筑业；（5）交通运输业、邮电通信业；（6）商业、公共饮食业、物资供应和仓储业；（7）房地产管理、公用事业、居民服务和咨询服务业；（8）卫生、体育和社会福利事业；（9）教育、文化艺术和广播电视业；（10）科学研究和综合技术服务业；（11）金融、保险业；（12）国家机关、党政机关和社会团体；（13）其他行业。

　　以上这两种分类都是针对现代行业。本书探讨小学语文教材中的职业形象，以第二种分类为依据，尽管它不能涵盖清末以来小学语文教材所呈现的所有职业形象，但它毕竟可以作为一种依据，可以把与现代行业的性质相类似的古代行业归入同一类进行探讨。

　　根据不同标准的职业，可有不同的分类方法。如：从行业上划分，可分为一、二、三产业；从工作特点上划分，可分为务实（使用机器、工具和设备的工种）、社会服务、文教、科研、艺术及创造、计算及数学（钱财管理、资料统计）、自然界职业、管理、一般服务性职业等 10 多种类型的职业。每一种分类方法，对其职业的特定性都有明确的解释，这对我们更好地掌握某一职业的特点，去选择适合自身的职业有指导作用。而且不同的职业有不一样的要求，医生、科学家、艺术家、教师等各有自己的文化特征，如医生救死扶伤，教师教书育人，艺术家则以自己独特的方式表现美、创造美，科学家会对一切发明创造感兴趣，等等。

职业形象体现在社会分工体系的每一个环节上。社会分工必然导致劳动对象、劳动工具以及劳动的支出形式都各有特殊性，并形成一定的职业规范性，包括职业内部的规范操作要求和职业道德的规范性。职业形象与职业的特殊性和职业的规范性密切相关，它在一定的职业场景中呈现，与职业场景不可分离。而职业身份只是表明个体拥有某个职业身份，但其言行则可超越具体的职业场景，比如在家可以是长辈或晚辈身份，在社会可以是公民或道德模范身份。因此，人的形象研究是从人的职业身份进行统计，但深入分析职业形象则必须考虑职业的特殊性、规范性和职业场景。

二、小学语文教材中的职业认识

我国古代虽然早有士农工商的身份区分，但在科举制的影响下，多数读书人主要沿着儒家"格物，致知，诚心，正意，修身，齐家，治国，平天下"的路径，追求"学以居位"，注重内省于心，对各种外在的技艺学习则视为"雕虫小技""奇技淫巧"予以排斥。因此，古代蒙学教材在职业身份的选择时比较少考虑种养农耕、冶炼制作等从业者，比如《三字经》里的孔融、黄香等都是"学以居位"者。延续到清末以来，小学语文教材突显帝王将相和"学以居位"的形象有所下降，反而对生活环境的认识，对生活日用品的来源、制作和生产，对与健康生活相关的具体内容，都情有独钟，淡化了对建立历史功业的内容和思想道德楷模的追求。从清末制定的《钦定学堂章程》以及随后颁布实施《奏定学堂章程》，都有重视实业教育的倾向。《奏定学堂章程》规定了初等小学堂所授科目有"中国文字"科，高等小学堂所授科目有"中国文学"科，其中"中国文字"科要求"在使识日用常见之文字，解日用常见之文理，以为听讲能领悟，读书能自解之助，并当使之以俗语叙事及日用简短书信，以开他日自己作文之先路，供谋生应世之需要"；"中国文学"科要求"在使通四民常用之文理，解四民常用之词句，以备应世达意之用"，都明确地提出了语文课程要向生活日用方面靠拢。正如1904年初，张百熙、荣庆、张之洞重订学堂章程的奏折所说："至于入学宗旨，勿论何等学堂，均以忠孝为本，以中国经史之学为基，俾使学生心术壹归于纯正，而后以西学瀹其知识，练其艺能，务期他日成才，各适实用，以仰付国家造就通才，慎防流弊之意。"[26] 具体到小学教育目标，《奏定初等小学堂章程》规定："设初等小学堂，令凡国民七岁以上者入焉，以启其人生应有之知识，立其明伦理爱国家之根基，并调护儿童身体，令其发育为宗旨；以识字之民日多为成效。"《奏定高等小学堂章程》规定："设高等小学堂，令凡已习初等小学毕业者入焉，以培养国民之善性，扩充国民之知识，强壮国民之气体为宗旨；以童年皆知做人之正理，皆有谋生之计虑为成效。"[27]可见，无论是出于"各适实用"，还是出于"谋生之计"，都跟职业形象的塑造息息相关。1906年出版的最新初等小学国文教科书第5册课文《清明》中有如下文字：

兄弟踏青于郊外，路旁菜花盛开，浅草平铺，一碧无际。游人三五成群，往来不绝。弟曰：三春多佳日，踏青之举，何必待清明耶？兄曰：人人有职业，不得荒旷，故一逢佳节，多相率出游也。

[26] 朱有瓛. 中国近代学制史料（第二辑上册）[M]. 上海：华东师范大学出版社，1987:78.

[27] 课程教材研究所.20世纪中国中小学课程标准·教学大纲汇编:课程（教学）计划卷[M]. 北京：人民教育出版社，1999: 20, 31.

借兄弟之间的对话突出职业的重要性。从这套教科书的第9册开始，与职业谋生有关的课文越来越多，如《量地》《地图》《户口》《通商条约》《天然界之利用》《种茶》《制丝》《蜜蜂》《陶器》《植物》《积贮》《侍疾》《保险》《巡警》《人体》《相僮》《公司》《矿业》《渔业》《慈善事业》《水道》《图书馆》《博物院》《钱业》《汇兑》《假贷》《抵质》《笔据》《望远镜》《驯象》《食物》《衣服功用》《行旅》等，每一册都有近一半内容与生活日用相关。同时也意识到"君子不器"导致轻视手艺的现象，不利于落实国家"尚实"的教育宗旨。因此，这册教科书还编制了倡导观念转变的课文《手》：

圣人制器尚象，莫不于手是赖。今人乃藐视手艺，不亦诬乎。兵士手枪，匠人手锯，冶人手椎，田人手犁，矿人手铲，舵工手桨，画工手刷，雕人手鑿，文人手笔，妇女手鍼，手无贵贱，一也。

中华民国建立，宣告了中国封建专制制度的结束。在一片共和声中，蔡元培以教育总长的身份奏响了民国新教育的号角。他指出："君主时代之教育方针不从受教育者本体上着想，用一个人主义或用一部分人主义，利用一种方法驱使受教育者迁就他之主义。民国教育方针应从受教育者本体上着想，有如何能力方能尽如何责任，受如何教育始能具如何能力。……君主时代之教育，不外利己主义，君主或少数人结合之政府，以其利己主义为目的物，乃揣摩国民之利己心，以一种方法投合之，引以迁就于君主或政府之主义。如前清时代承科举余习，奖励出身，为驱诱学生之计，而其目的，在使受教育者皆富于服从心保守心，易受政府驾驭。"[28]

蔡元培强调民国教育要围绕"国民"而设，国民对于国家、社会、世界、家庭有一定的责任、义务和权利，权利由义务生，人类所最需要的是能履行种种责任的能力，因此，他认为，"教育家之任务，即在为受教育者养成此种能力，使能尽完全责任"，为培养国民的这种能力，教育家应该

---

[28] 朱有瓛.中国近代学制史料（第三辑上册）[M] 上海.华东师范大学出版社，1990:7.

做的不外乎五种主义，即军国民教育、实利主义、公民道德、世界观、美育，应该把这五种主义分配于各学科中，"国文国语之形式，其依准文法者属于实利，而依准美词者属于美感。其内容则军国民主义当占百分之十，实利主义当占其四十，德育当占其二十，美育当占其二十五，而世界观则占其五。"[29] 蔡元培的这些思想大部分被吸收成为民国初年教育的指导思想。1912 年 9 月 2 日教育部公布教育宗旨：注重道德教育，以实利教育、军国民教育辅之，更以美感教育完成其道德。就是以蔡元培的五育思想为基础提出的。1912—1913 年间，民国政府还颁布了各种学校规章以及相关的补充和修改文件，形成一个完整的学校系统制度，即"壬子－癸丑学制"，规定：

小学教育，以留意儿童身心之发育，培养国民道德之基础，并授以生活必需之知识技能为宗旨。

1918 年第一次世界大战结束以后，由于国际上对和平的渴望日益强烈，国内对军阀混战的恐惧和不满情绪也广为弥漫。特别是"五四"运动以后，民主自由思想深入民心，民国初年教育部推出的教育宗旨受到各方质疑和批评，而废除教育宗旨则被当作否定专制主义和军国主义教育的举措而大受推崇。当时一批从美国归来的留学生如胡适、陶行知等，在文化教育界极力宣扬杜威的教育思想。杜威认为教育目的隐含在过程中，过程之外无目的，提出要在活动中发展学生个性和知能，养成协作的习惯。1919 年，北京教育调查会推出教育宗旨研究案，提出以教育本义来代替教育宗旨，主张"养成健全人格发展共和精神"。所谓健全人格者当具下列条件：

一、私德为立身之本，公德为服务社会国家之本。

二、人生所必需之知识技能。

[29] 沈善洪 . 蔡元培文选 [M]. 杭州：浙江教育出版社，1993:395.

三、强健活泼之体格。

四、优美和乐之感情。

所谓共和精神者：一、发挥平民主义，俾人人知民治为立国根本。二、养成公民自治习惯，俾人人能负国家社会之责任。

这一结果经获得全国教育联合会通过，并呈请教育部，建议废止从前部令之教育宗旨，宣布以"养成健全人格发展共和精神"为教育本义。其理由是：

今后之教育，应觉悟人应如何教，所谓儿童本位教育是也。施教育者，不应特定一种宗旨或主义以束缚被教育者。盖无论如何宗旨，如何主义，终难免为教育之铸型，不得视为人应如何教之研究。故今后之教育，所谓宗旨，不必研究，修正或改革，应毅然废止。[30]

全国教育联合会的这一提案当时未被教育部采用。但作为一个有相当影响力的教育组织，这一提案的基本精神在 1922 年 11 月北京政府大总统令公布的《学校系统改革案》即通常所说的"新学制"中得到了体现，该改革案提出七项标准：一、适应社会进化之需要；二、发挥平民教育精神；三、谋个性之发展；四、注意国民经济力；五、注意生活教育；六、使教育易于普及；七、多留各地方伸缩余地。

遵照七项标准的教育改革，间接废除了原来的教育宗旨，体现了新学制时期教育改革要从围绕平民的社会生活角度去推行的思路和设想。这些改革和探索成果，很多被国民政府教育部吸收到 1929 年颁布的暂行课程标准中。

1927 年，随着国民政府定都南京。国民党为推行政治上的一党专政，把教育领域视为重要阵地，积极推行与国民党政权息息相关的党化教育，也就是三民主义教育。1928 年 2 月，国民政府教育部颁布《小学暂行条例》，规定：

[30] 朱有瓛. 中国近代学制史料 (第三辑上册)[M]. 上海：华东师范大学出版社，1990:107.

小学教育应根据三民主义，按照儿童身心发展的程序，培养国民之基本知识技能，以适应社会生活。

不难看出，虽然强调要将"三民主义"渗入小学教育，但仍然重视"养成国民之生活技能，增进国民生产能力"等体现职业教育精神的内容。1931年9月，国民党第三届中央执行委员会第17次常务会议通过了《三民主义教育实施原则》，其中关于初等教育目标，提出了"使儿童于三民主义教导下，具有适合于实际生活之初步知能"。此后颁布的关于小学教育的法令和课程标准，都是根据这个实施原则制订的。1933年12月国民政府公布《小学法》，第一条规定：小学应遵照中华民国教育方针及其实施方针，以发展儿童之身心，培养国民之道德基础，及生活所必需之基本知识技能。

根据三民主义教育宗旨，国民政府教育部于1929年8月编制公布了《小学课程暂行标准》，把三民主义教育宗旨融进课程标准。此后，在暂行课程标准基础上，国民政府教育部先后修订颁行了四次《小学课程标准》，时间分别在1932年、1936年、1942年和1948年。这四次课程标准的内容和形式大同小异。大同的是三民主义的教育宗旨没有变，小异的是目标表述的修正。

1932年《小学课程标准总纲》规定小学教育总目标：

小学应根据三民主义，遵照中华民国教育宗旨及其实施方针，发展儿童身心，培养国民道德基础及生活所必需的基本知识和技能，以养成知礼知义爱国爱群的国民。

1936年，根据形势的变化，教育部重新颁布《小学课程标准总纲》，第一条规定小学教育总目标：

小学应遵照小学规程第二条之规定，以发展儿童身心，并培养儿童民族意识、国民道德基础及生活所必需的基本知识技能为主旨。具体如下：(1)培育健康的体格与健全的精神；(2)养成爱护国家复兴民族的意志与信念；(3) 培养爱护人群利益大众的情绪；(4) 培育公德及私德；(5) 启民权思想；(6) 发展审美及善用休闲的兴趣和能力；(7) 增进运用书数及科学的基本知能；(8) 训练劳动生产及有关职业的基本知能。

这次课程标准提出了加强培养民族意识的要求。经五年多的试验，各方认为尚多缺点，因此教育部于民国三十年（1941 年）四月间，召集小学教育专家商讨修订小学课程标准办法，并分别派、聘部内外人员为修订小学课程标准委员会委员，负责起草各科修订草案。修订后的《小学课程标准》规定小学教育总目标：

小学课程应遵照《小学法》第一条之规定，注重发展儿童身心，培养国民道德、民族意识及生活所必需之基本知识技能，以期养成修己，善群，爱国之公民为目的。兹分析列举如下：（一）关于发展儿童身心的：培育健康的体格；培育健全的精神。（二）关于培养国民道德的：养成公民良好习惯；培养我国固有道德。（三）关于培养民族意识的：培养服务社会爱护人群的情绪；养成爱护国家复兴民族的信念与意志。（四）关于培养生活所必需的基本知识技能的：增进运用书数及科学的基本知能；训练劳动生产及有关职业的基本知能。

民国三十四年（1945 年）八月，日本战败投降后，教育部为了适应胜利后的建设需要，于同年九月间，先后邀集重庆附近的专家把小学各科课程标准分别做初步的修订，并于民国三十七年（1948 年）把最后修订的《小学课程标准》正式公布。这次修订中关于小学教育目标的叙述没有变化。

可见，无论是《小学课程暂行标准》，还是以后多次修订的课程标准，在陈述小学教育总目标时，都没有离开"生活所必需之基本知识技能"或"训练劳动生产及有关职业的基本知能"的提法。

这种认识落实到小学语文教材中，就出现了许多直接和间接探讨职业的课文，甚至有些课文直截了当地以"职业"作为课文标题。如 1912

年开始出版的共和国教科书新国文（国民学校用，秋季始业）第4册第3课《职业》：

> 人生于世，当有职业，有为农者，有为工者，有为商者，有为官吏者。昔邓禹有子十三人，使各习一艺，可为法也。

随后的商务版国语教材，为让儿童加深对职业的认识，还在低年级阶段通过图文呈现，尝试借助动物来认识职业，培养责任意识和敬业精神。如课文《职业》：

> 猫捕鼠，犬守门，各司其事，人无职业，不如猫犬。

在高年级，则对职业做了大致分类，如课文《职业》：

> 人之立身，须有职业，读书者为士，耕田者为农，造货物者为工，贩货物者为商，守护国家者为兵。士农工商，皆宜当兵。农工商兵，皆宜读书。

1949年，中华人民共和国成立，百废待兴，必须进行大规模的经济建设和文化建设。新政府施政方针《中国人民政治协商会议共同纲领》提到：

> 中华人民共和国的文化教育为新民主主义的，即民族的、科学的、大众的文化教育。人民政府的文化教育工作，应以提高人民文化水平，培养国家建设人才，肃清封建的、买办的、法西斯主义的思想，发展为人民服务的思想为主要任务。

为推行民族、科学、大众的新民主主义教育，中央政府决定成立人民教育出版社（以下简称人教社），从全国调集专家学者和著名教师加强编辑力量，专门负责出版教科书及一般教育用书。但是，当时的人教社的编辑不多，时间紧迫，只能依据《共同纲领》和《小学各科课程暂行标准（草案）》对现有的教材进行修订、改编。其修订的重点在于肃清小学语文课本中封建的、买办的、法西斯的思想，发展为人民服务的思想，因此，课文内容很少以职业为主题来选取人物形象，即使有涉及职业形象的内容，也是以体现新时代新气象，服务新社会新生活的标准来选取，如课文《国营广北农场》《参观农业试验场》《到文化馆看收音机》《农民代表看工业展览》《司机尹明义》《女拖拉机手梁军》《火车女司机田桂英》《开荒日记》《土地还家》等，这些课文节奏明快，充满革命乐观主义精神。

中华人民共和国成立之初，培养社会主义新人成为全社会的共识。到 1955 年 5 月，劳动造就新人的教育认识得到了进一步强化，全国文化教育工作会议就明确提出：

在普通教育方面，提高中小学教育的质量必须贯彻全面发展的方针，注意学生的智育、德育、体育、美育，同时有步骤地实施基本的生产技术教育（高小、初小应进行工农业生产常识的教学）。[31]

同年 9 月，教育部颁发"小学教学计划"，在原有的八门课程基础上，特别增设了从第一学年到第六学年的"手工劳动"科，以便联系自然、地理、语文、算术等各科进行教学，制作教具、玩具，并可作植物栽培、动物饲养等活动，使学生获得一些基本的生产知识，学会使用一些简单的生产工具，同时具有共产主义的劳动态度。教学计划对手工科是这样规定的：

手工劳动它是实施基本生产技术教育的主要学科之一。它的教学，应当和有关学科的教学密切联系起来，而不是孤立地教学一些工艺和农艺的技术，语文、自然等各科教学所需要的简单教具，体育游戏教学所需要的游戏体育用具和玩具，自然教学所应有的实验、实习……都可在手工劳动教学中选用各种容易加工的材料，像纸、厚纸、布、黏土、木料、软铁片、铁丝全等予以制作；并可利用学校园地、盆、台，开展花木、作物的栽培活动。教学时应该因地制宜，充分结合当地生产的实际，并争取当地著名技术家的协助，尽量培养学生的创造才能。

---

[31] 何东昌：《中华人民共和国重要教育文献(1949-1975)》[M]. 海口：海南出版社，1998：514.

1956 年 7 月，教育部还专门下发了《关于 1956—1957 学年度中小学实施基本生产技术教育的通知》。

与手工课突出职业劳动技能相伴随，小学语文教材借助描写劳动阶级、劳动场面的课文，塑造了许多忘我劳动的新社会工农形象，如 1960 年 4 月人教社编辑出版的高级小学课本语文第 3 册共有 20 篇课文，突出描写劳动阶级、劳动场面或宣扬劳动主题的课文就有《暑假日记》《最重要的是工作》《民歌五首》《劳动的开端》《不平凡的星期天》《老孟泰的故事》《在三门峡工地上》等 7 篇。1958 年 9 月，《中共中央、国务院关于教育工作的指示》指出，政治战线和经济战线的社会主义革命已经取得了决定性胜利，随着工农业生产的大跃进，文化革命也已经开始进入高潮，要求"在一切学校中，必须把生产劳动列为正式课程。每个学生必须按照规定参加一定时间的劳动"，"教授课程必须贯彻执行理论与实际联系的原则，应当在党委领导之下，尽可能采取聘请有实际经验的人（干部、模范工作者、劳动英雄、'土专家'）同专业教师共同授课的方法"。

可见，中华人民共和国成立之初，小学语文教材中牵涉职业劳动的课文，无论如何呈现人物形象，其关注点不外乎两点：一是剔除语文教材中的封建阶级和资产阶级思想；二是塑造革命领袖和工农兵先进典型。"文化革命是在观念形态上反映政治革命和经济革命，并为它们服务的"。教材建设是文化革命的一个重要渠道和载体。从中华人民共和国成立之初的教材统一改编到全日制十年制学校小学语文课本的推出，其主题都是围绕教育为无产阶级政治服务来设计。期间虽然经历了充分发挥劳动群众主观能动性的混合编制教材和地方自编教材时期，但指导思想以及课本形式大致相同，而对外国的语文教材以及中华人民共和国成立前的语文教材、文化典籍等加以吸收，改编出来的课文比较少。尤其在"文革"期间，中华人民共和国成立前的小学语文教材大多被贴上"封资修"的标签而不敢采用。比如，《廉颇与蔺相如》《西门豹》就被认为有美化封建统治阶级之嫌，王羲之苦练书法也只是个人为了成名成家，不值得提倡和学习。[32]

因此，教材突出职业劳动和塑造劳动模范的着眼点都在于培养服务社会的思想和观念，而不是围绕服务个体和家庭的谋生和立身教育。因此，职业形象中看不到敬业者的个体诉求，1949 年 12 月新华书店出版的初级小学国语课本第 5 册课文《门东贵当了段长》：

门东贵已经七十岁了，当了一辈子铁路工人。日本鬼子在的时候，硬说他通八路，坐过大牢。国民党来了，说他年老无用，没有给一个钱，遣送他回了家。

石家庄解放了，凭他多年的经验，积极参加铁路建设，克服了许多困难，工人们选他当工程队长。

因为他建路有功，升了段长。他常对人说："早先升不乐啊！那个世道，没有钱就不行。现在的世界真是翻转过来了，你有一点好处，都埋没不了的。"

门东贵的形象不在于如何在工作中克服困难和建功立业，而在于处于一个好时代。再看课文《两张笑脸不一样》：

（红小兵）每天顶着火辣辣的太阳到田间割麦子，在集体生产劳动中，锤炼"一不怕苦，二不怕死"的红心。贫下中农笑着赞扬我们是"毛主席的红孩子，贫下中农的好后代"。可是，一个富农分子见我们在地里割麦，却假惺惺地笑着说："小孩子不念书，为啥来熬这个毒日头。"说着顺手摘下自己的草帽要给我们戴。……是关心，还是毒害？贫下中农管理学校的代表和老师，组织我们认真学习了伟大领袖毛主席关于"我们看事情必须看它的实质"的伟大教导，围绕这个问题，展开了讨论。通过阶级分析，大家认识到：两张笑脸不一样，贫下中农的笑是阶级亲，贴心爱；

---

[32] 蒋仲仁 . 思维 • 语言 • 语文教学 [M]. 北京：人民教育出版社，1988:97-98.

富农分子的笑是反对我们走"五·七"道路的奸笑，是阶级敌人向我们进攻的新手法。[33]

课文不是刻画红小兵如何辛勤劳动和克服困难的喜悦，而是着眼于区分"好人"和"坏人"的分析认识水平。

1978年9月，经过拨乱反正，公布了《全日制小学暂行工作条例（试行草案）》，确定小学教育的任务是"为社会主义祖国培养新生一代，使他们接受中等教育有一个良好的基础"。培养目标也修改为：

要教育学生继承伟大领袖和导师毛主席的遗志，好好学习，天天向上，使学生具有爱祖国，爱人民，爱劳动，爱科学，爱护公共财物等品德，拥护社会主义，拥护中国共产党；使学生具有初步的阅读、写作和计算的能力，具有初步的自然常识和社会常识，培养良好的学习习惯；使学生的身心得到正常的发展，具有健康的体质，培养良好的生活习惯和劳动习惯。[34]

这种重视知识、能力和良好习惯培养的教育的思路，仍然没有将职业技能和职业意识的教育看成个体发展的基础。1992年，国家教委颁布了《九年制教育全日制小学、初级中学课程计划（试行）》，提出国家对小学和初中儿童、少年实施全面的基础教育，使他们在德、智、体诸方面生动活泼地主动地得到发展，为提高全民族素质，培养社会主义现代化建设的各级各类人才奠定基础。同时把小学阶段的目标确定为：

初步具有爱祖国，爱人民，爱劳动，爱科学，爱社会主义的思想感情，初步养成关心他人，关心集体，认真负责，诚实、勤俭、勇敢、正直、合群、活泼向上等良好品德和个性品质，养成讲文明，讲礼貌，守纪律的行为习惯，初步具有自我管理以及分辨是非的能力。具有阅读、书写、

---

[33] 山西省中小学教材编写组.山西省小学试用课本语文第5册[M].太原:山西人民出版社,1970: 19-20.

[34] 课程教材研究所.20世纪中国中小学课程标准·教学大纲汇编:课程(教学)计划卷[M].北京:人民教育出版社，1999: 315.

表达、计算的基本知识和基本技能，了解一些生活、自然和社会常识，初步具有基本的观察、思维、动手操作和自学的能力，养成良好的学习习惯。初步养成锻炼身体和讲究卫生的习惯，具有健康的身体。具有较广泛的兴趣和健康的爱美情趣。初步学会生活自理，会使用简单的劳动工具，养成爱劳动的习惯。[35]

把养成良好的学习习惯和养成爱劳动的习惯一并提出来，有了初步的职业劳动意识教育。1999 年，《中共中央国务院关于深化教育改革，全面推进素质教育的决定》提出："以提高国民素质为根本宗旨，以培养学生的创新精神和实践能力为重点，造就'有理想，有道德，有文化，有纪律'的，德智体美等全面发展的社会主义事业建设者和接班人"，才真正把体现职业技能和职业意识的"实践能力"当成国民素质的重要内容。2001 年，教育部颁布《基础教育课程改革纲要（试行）》，提出新课程的培养目标应体现时代要求：

要使学生具有爱国主义、集体主义精神，热爱社会主义，继承和发扬中华民族的优秀传统和革命传统；具有社会主义民主法治意识，遵守国家法律和社会公德；逐步形成正确的世界观、人生观、价值观；具有社会责任感，努力为人民服务；具有初步的创新精神、实践能力、科学和人文素养以及环境意识；具有适应终身学习的基础知识、基本技能和方法；具有健壮的体魄和良好的心理素质，养成健康的审美情趣和生活方式，成为有理想，有道德，有文化，有纪律的一代新人。

进入 21 世纪，随着人工智能逐渐进入社会生产和生活领域，传统的行业意识开始逐渐泛化，职业谋生的技能不再是静态和一劳永逸的，职业谋生的意识被获取适应终身学习的基础知识、基本技能和培养"四有"新人所取代。教育的重点内容放在智慧教育和情感态度教育上，而有关获取谋生知识和能力的内容逐渐受到淡化。以人教版 2004 年出版的义务

---

[35] 课程教材研究所.20 世纪中国中小学课程标准·教学大纲汇编：课程(教学)计划卷[M].北京：人民教育出版社，1999: 315.

教育课程标准实验教科书为例，其第 6 册、第 7 册、第 8 册分别有课文 40 篇（含选读课文），但是明确地传递人物形象的职业身份的课文不多，对其职业行为进行描述和塑造的课文更是少之又少，如《路旁的橡树》《中国国际救援队，真棒！》《西门豹》《手术台就是阵地》《蟋蟀的住宅》《世界地图引出的发现》《一个苹果》《万年牢》《黄继光》《两个铁球同时着地》《全神贯注》，这些课文大多以战士、科学家、艺术家为主角，而对于突出普通人敬业精神的课文，诸如《路旁的橡树》《万年牢》等，在整个小学阶段的语文教科书中都不多。而且《万年牢》的主题还是落在做人上，不是完全为了突显职业精神，如课文最后一段：

父亲教导我做万年牢，就是要做个可靠的人、实实在在的人。无论做什么事都要讲究认真，讲究实在。父亲的教导使我一生受益。

三、小学语文教材中职业形象的身份分析

我国传统蒙学教材以历史名人及其相关人物形象为主，到清末，伴随商品经济的发展，一方面，小学语文教材突显帝王将相和"学以居位"的形象有所下降，另一方面，有关种茶、制丝、养蜂、制陶、制盐、缝工、保险、巡警、侍疾者等身份形象开始出现，而且这两方面都有不断强化的趋势。

1906 年商务印书馆的最新国文教科书（初等小学用）第 9、10 册中出现的人物形象有：张骞、张良、李侃妻、花木兰、孟子、甲生、乙生、僮工、约翰逊、河伯孙、童子、国王、巡警、侍疾者、信实、坚定、岳飞、乐羊子之妻、少年鼓手、卖驴者、苏武、哥伦布、富翁、释迦、赌博者、缠足者。不过，尽管有关职业介绍的课文增多了，但是小学语文教材在塑造职业形象时仍然不是从敬业的角度出发去塑造从业者的职业技能和精神品格，而是从社会层面去塑造传统价值观或社会主流价值观，比如课文《坚定》：

某国有一少年，在兵营为鼓手，一日，大操毕，将校会宴，少年侍坐行酒，大将欲慰之，与酒曰：汝亦尽一杯。少年辞曰：吾不嗜酒。大将曰："汝终日鼓手甚劳，少饮酒以舒之，无害。"少年固辞不饮。大将不悦，副将在旁曰："汝胡违大将命？违大将之命者，不可为兵。"于是少年正容曰："吾入伍已三年，未尝一违将命，然饮酒非兵士职，且害于身，故不能从。"于是副将怪之，欲试少年，故厉声曰："汝必饮一杯，是军令也，违令将斩汝。"少年改容曰："军令不胜恐惧，然有故不能从。昔者，吾父以酒获疾，遂不起，吾入营时，吾母戒曰：'汝终身勿饮酒'，虽有大将之命，不能破慈母之戒。"声泪俱下。座中将校，莫不感动，由是少年益受大将信任，遂被擢用。

课文中的"少年"本是军人，以服从命令为天职，但是，他却在军令和母命之间，冒着可能失去生命的风险而坚定地选择了顺从母命，履行了"孝道"，以至于获得了大将的信任和重用。

民国元年开始陆续出版的共和国教科书新国文（初等小学校春季始业），就直接的人物形象介绍来说，仍然以历代曾经建功立业的帝王将相、学问家以及道德楷模形象为主，如：

黄帝、嫘祖、汤武、华盛顿、禹、孔子、孟子、孟母（以上出现在第5册）；

秦始皇、汉武帝、马援、班超、诸葛亮、唐太宗（以上出现在第6册）；

岳飞、明太祖、乐羊子之妻（以上出现在第7册）

这些直接介绍的人物形象，更多介绍其功业，以及借其历史名望来树立道德榜样形象，很少谈及其从事的具体职业及其从事具体职业的品格、表现等，比如课文《华盛顿》：

华盛顿七岁时，游园中。以斧研樱桃树，断之。其父归，见而怒曰："樱桃吾所爱，谁砍之？"家人惧，不敢言。华盛顿趋至父前，自承曰："砍樱桃者，儿也。"父遽释怒，执其手慰之曰："汝能不欺，予不责汝矣。"

这类直接借助人物形象来进行思想道德教育和思维训练的务虚内容在后来的民国"新学制"时期也开始了形式的转向，即不再借助历史或现实人物来呈现，而是通过拟人化的动物言行来实现这方面的教育，诸如课文《杀雁》《驴遇虎》《鸦食贝》《义马》《鸡雀》《螺与小鱼》等。

《杀雁》：庄子出于山，舍于故人家。故人喜，命其子杀雁而烹之。其子曰："其一能鸣，其一不能鸣。"主人曰："杀不能鸣者。"噫，雁以不材，遂先见杀，人不可不自儆乎。

《驴遇虎》：驴蒙虎皮，群兽畏之，无敢近者，驴自喜得计，时时出行，以威群兽。一日，遇虎。虎以为同类也，就而与游。驴骇极，大鸣，弃皮而遁，数里不敢息。

至于这套教科书中的职业形象，直接介绍从事具体工种的职业人物形象也很少，大量课文是通过介绍各种行业相关的知识和技能，从而间接介绍人物形象的，大体可以归纳为四类知识：

一是关于科技和实业及新兴产业相关的知识，诸如资本主义发展进程中出现的新事物，如铁路、汽车、债券、公司等。关于各种军事知识与技能，诸如征兵、兵器、军备等内容；关于世界的新视野，篇目有《博物馆》《周游世界》等。从民初国文教科书的这些知识内容看，它们突破了清末以儒家道德教育为核心的知识体系，由"神圣"走向"世俗"，能够与社会日常生活密切相关，特别是和近代资本主义社会经济生活以及新科技、新产业息息相关。通过对这些新知识的学习，有助于更好地发展学生适应社会生活的知识与技能，拓宽视野，培养对社会、人生和世界的开放心态和胸襟。

二是对各行各业从业者以及从业经验的介绍。有的直接介绍某种行业，如课文《烹饪》《盐》《艺菊》《金属》《葡萄酿酒》《侍疾》《铁业》《军人》《苗种》《养蜂》《农事》《采珠》《慈善事业》《农附农具图》《工》《商》《劝种桑》等；但更多地是间接介绍。有的看似是介绍某种植物，实际上牵涉种植者如何利用和种植，如课文《西瓜》《草》《杨柳》《牡丹芍药》《麻》《丛树》《甘蔗》《竹》《奇异植物》，或者直接介绍如何种植，如课文《种茶》《植林》；有的看似介绍某种动物，实际上牵涉蓄养者，如课文《蚕》《豕》《鸟》《鹰》《蜜蜂》《微生物》《猴》《骆驼》；有的虽然在介绍自然现象和自然资源，实际上牵涉认识研究者和挖采者，如课文《雹》《雨》《水》《矿物》《微生物》《煤及炭》《水汽循环之理》《霜》《冰》《雷电》《齿》《人体全体之功用》《沙漠》《空气》《星》；有的在介绍交通工具通信工具时，实际上突出了发明者和使用者，如课文《舟车》《汽机》《汽船》《汽车》《指南针》《邮政（附）表》《电报》《电话》；有的在介绍某种生活用品时突出了制造者和冶炼者，如课文《衣服》《棉》《草帽》《丝》《漆》《陶器》《铁》。

三是介绍生活常识和医学知识，包括日常生活的知识和技能。有的看似纯粹介绍生活常识，实际上隐含了从业者的形象，如课文《热》《食物》《运动与休息》《油》《酱》《废物》《物体》《传染病》《种痘》《微生物预防法》《沐浴》《鼠疫预防法》《虫》《剪发》《物类》。

四是介绍社会现象，体现了从事商品经济的相关人员形象，如课文《钱》《收条（附收条式）》《课秤》《租税（一）》《分业之利益》《旅馆》《纸币》《积贮》；有的直接介绍学习工具以及学习和娱乐内容，如课文《体操》《捉迷藏》《家信（附信）》《假书》《历法（附阳历月建表）》《珠算》《笔算》《时辰钟》《日报（附日报式）》《日记（附日记式）》《投报（附信）》《掷环》《音乐（附乐器图）》《笼毬》《墨》《纸》《地图》《纸鸢》《造屋（附图）》《跳绳》《文字》《干支》。

还有介绍社会理想和政治体制的，如课文《爱国》《民族》《共和国》《平等》《自由（一）》《自由（二）》《自治》《选举权》《行政》《法律》《司法》《待外国人之道》。

以上这些知识的介绍，实际上突出了与之对应的工作和相关职位，从而也就间接地介绍了职业形象。这是民国时期共和国教科书新国文呈现职业形象的特点。

中华人民共和国成立后，教材直接介绍行业中职业形象的课文增多了，也许跟教育要与生产劳动相结合有密切的关系。有人对 1951 年到 2001 年人民教育出版社出版的八套小学语文教科书进行了职业身份的统计，其主要依据是 8 类职业，分别为：①党的领袖和党的战士；②学生；③农林牧渔业从业人员；④专业技术人员（包括科学研究人员、工程技术人员、农业技术人员、卫生专业人员、经济金融法律专业人员、教学专业人员、文学艺术工作人员等）；⑤商业、服务业人员；⑥生产设备操作人员即工人；⑦国外无产阶级领袖及战士；⑧古代王侯将相。表 6-1 是其统计结果[36]：

表 6-1 教科书人物外在形象的比较研究统计结果

版本	职业比率 %								
	1	2	3	4	5	6	7	8	其它
1951 年	40	20	9	6	0	9	10	3	3
1956 年	32	22	16	7	1	9	6	4	3
1963 年	36	22	14	6	0	6	4	5	7
1978 年	38	18	14	14	1	0	4	5	6
1982 年	36	15	13	15	1	2	4	7	7
1987 年	38	13	11	16	1	0	5	8	8
1990 年	36	12	7	16	1	2	6	9	11
2001 年	10	42	4	18	2	1	1	4	18

从表 6-1 可以看出，八套教科书所有人物的社会职业身份中，侧重于政治和道德影响力的务虚职业形象虽然仍有较大的比重，但直接指向农林牧渔业从业人员、专业技术人员、服务业人员、生产设备操作人员等，相对务实的职业形象虽然有所增加，但比重还是偏少，没有突出行业经验和专业技术的社会价值。我们还统计了新世纪课程改革以来人民教育出版社出版的，自 2001 年 9 月开始使用至今的义务教育语文课程标

[36] 逄超 . 教科书人物外在形象的比较研究 [J]. 基础教育 . 2012,9 (1):84.

准实验教科书（1~6 年级）共 12 册教材，就课文提及的人物职业类型进行统计，涉及的职业也主要是政治家、革命家、思想家、工人、科学家、工程师、文学家、教师、售货员、护士、作家、文学家、艺术家、学者、诗人、书法家、画家、军人、农民军领袖、医生、农林牧渔业者、实业家等，仍然存在对体力劳动者的关注不够的问题。这也许与社会上轻视体力劳动的倾向和"君子不器"的价值追求有关。马开剑等从性别角色出发统计了江苏教育出版社 2004—2008 年出版的小学语文教材中的职业类型，见表 6-2[37]：

表 6-2　江苏教育出版社 2004—2008 年出版的

小学语文教材中的职业类型

职业类型	科学家	艺术家	军人	领导	工农	学生	教师	其他
男性	13	19	4	9	12	13	6	2
女性	0	0	0	1	1	6	1	2
总计	13	19	4	10	13	19	7	4

表 6-2 中除了"学生"并不属于本书探讨的职业之外，只有"工农"这一职业类型相关的人物形象才是相对务实的，是直接从事物质生产的，可见，其所占的比重也不是很大。

职业形象的塑造跟具体的职业相关，主要反映人物对待职业的认识和态度，着力刻画人物与职业的关系。以 2004 年版人教社编制和出版的义务教育课程标准实验教科书为例，笔者统计其涉及具体职业的人物形象课文共有 18 篇，主要包括追求新知、善于思考与探索、对待工作专心致志的形象，辛勤劳作、刻苦钻研、爱岗敬业的形象，科学家们对于追求真理精益求精、为科学献身的形象。不同年级所占比例及排名分布如表 6-3 所示：

---

[37] 马开剑,马琳.小学语文教材中的性别形象差异问题研究 [J].当代教育科学,2008(18).

表6-3　小学语文教材中涉及具体职业的课文分布情况

教材(年级)	课文	篇次	比例	排名
一年级上册		0	0	7
一年级下册		0	0	7
二年级上册		0	0	7
二年级下册	《邮票齿孔的故事》	1	2.63%	6
三年级上册	《一幅名扬中外的画》 《做风车的故事》	2	5%	5
三年级下册		0	0	7
四年级上册		0	0	7
四年级下册	《两个铁球同时着地》 《全神贯注》 《鱼游到了纸上》 《父亲的菜园》	4	10%	2
五年级上册	《通往人民广场的路》	2	5.56%	3
五年级下册	《把铁路修到西藏去》 《刷子李》	2	5.40%	4
六年级上册	《看戏》（选读） 《小抄写员》（选读）	2	5.56%	3
六年级下册	《顶碗少年》 《跨越百年的美丽》 《千年梦圆在今朝》 《真理诞生于一百个问号之后》 《我最好的老师》	5	23.8%	1

由表 6-3 可以看出，在人教版小学语文教材中关于敬业人物品德形象的塑造倾向于高年段学生。其中，排名第一的是六年级下册，出现次数共 5 次，所占比例为 23.8%，排名第一。四年级下册共出现 4 次，以 10% 的比例位居第二。经归类分析表明，教材较倾向于对于科学家们为科学献身、追求真理、精益求精的敬业品德形象的塑造，如《真理诞生在一百个问号之后》中的三位科学家善于发问与思考，体现的是他们见微知著、持之以恒、刻苦钻研的精神，该形象的塑造能有效地引导学生认识到凡事多提出疑问的重要性。《两个铁球同时着地》中伽利略敢于质疑亚里士多德的观点，并指出其错误，没有害怕去批判所谓的真理，挑战权威，向世人证明了并非伟人的推论一定都是对的。俗话说，"尽信书则不如无书"。作为小学生，也应该具备这种敢于挑战权威、质疑真理的优良品质，在学习的过程中切不可拘泥于书本，或者迷信课本。《顶碗少年》中少年不畏艰难、不言放弃的敬业品质，也是一个敬业典型形象。笔者认为教材对于此类形象的塑造意在培养学生追求新知、勤劳勇敢、爱岗敬业的人文精神。

不过，结合小学生的理解能力，同时也为了方便分析教材文化，这里主要以"职业"作为区分标准。如果我们把人们从事的职业区分为精英阶层和普通阶层（包括教师、医生、农民、工人，等等）两大类的话，那么教材塑造的敬业形象主要集中在精英阶层，这些人物形象有：

张衡——《数星星的孩子》；

达·芬奇——《画鸡蛋》；

牛顿——《做风车的故事》；

大仲马——《真实的高度》；

白求恩——《手术台就是阵地》；

孙中山——《不懂就要问》；

邓小平——《邓小平爷爷植树》《难忘的一天》；

周恩来——《难忘的泼水节》《为中华之崛起而读书》《一夜的工作》；

列宁——《蜜蜂引路》《灰雀》；

高尔基——《小摄影师》；

李四光——《奇怪的大石头》；

孔子和老子——《孔子拜师》；

罗丹——《全神贯注》；

伽利略——《两个铁球同时着地》；

毛泽东——《吃水不忘挖井人》《开国大典》《八角楼上》《青山处处埋忠骨》《毛主席在花山》；

詹天佑——《詹天佑》

鲁迅——《我的伯父鲁迅先生》《一面》

刘伯承——《军神》

李大钊——《十六年前的回忆》

在这些人物身上，或者体现了不同于凡人的工作和生活，或者反映了他们的功业和高尚品质。

四、小学语文教材中职业形象的塑造

在我国传统的观念中，职业是谋生的手段，而那些富裕家庭或社会上层贵族、有闲一族的小孩，往往是不用为谋生而担忧的，他们更需要的是精神方面的需求或劳心方面的知识和社交礼仪修养。所谓"君子不器"，反映了有修养的人是不会为某一工具或手艺所局限，也不会只专精于某一门手艺的，而是要追求成为懂得普遍人情物理的君子。清末学校提出的要求："至于入学宗旨，勿论何等学堂，均以忠孝为本，以中国经史之学为基，俾使学生心术壹归于纯正"。为了"使学生心术壹归于纯正"，清末的小学语文教材围绕忠孝为本，选取了许多中国经史之学，如《田仲》《野马》《童汪奇》《楚灭陈》等。至于针对"尚实"的要求，大多是结合行业或具体工作介绍相关知识，几乎没有对从业者形象进行细致的刻画和描述，如《量地》《种茶》《制丝》《蜜蜂》《陶器》《矿业》《渔业》《慈善事业》《假贷》《驯象》等，都只是介绍行业或职业，没有出现诸如种茶能手、制陶者或者捕鱼者的具体行为及劳动过程。即使通过具体的行为来刻画了具体的人物形象，也大多表现青史留名者的功业，如张骞、张良、苏武、哥伦布、释迦等，或体现某种道德价值的人物形象，如课文《秦西巴》：

孟孙猎得麑，使秦西巴载之归。母鹿随之而啼。秦西巴弗忍而舍之。孟孙至而求麑，曰：余弗忍而与其母。孟孙大怒，逐之。居三月，复召以为其子傅，其御曰：曩将罪之，今召以为子傅，何也？孟孙曰：夫不忍麑，又且忍吾子乎？

秦西巴只是孟孙家臣，课文并没有从作为家臣职业的具体工作中去选取其精于这一职业的行为，而是选取其出于对麑鹿离母的同情和爱心的行为，展示了其敢于违抗主人吩咐，自作主张释放了已猎得麑鹿的勇气。还有课文《茅容》塑造的茅容形象：

茅容耕于野，与同辈避雨树下，众皆夷踞相对，容独危坐。郭林宗见而异之，遂与共言，因请寓宿。旦日，容杀鸡为馔。林宗意其为己设也，既而容以供其母，自以疏食菜羹，与客同饭。林宗曰：卿贤乎哉！因劝令学。

茅容本是个耕作者，但课文并没有表现其作为农夫应有的技能和品质，而是选取其如何孝敬母亲的一面来塑造茅容形象。纵观清末以来小学语文教科书对职业形象的塑造，更多地是类似这种表现伦理道德价值的形象。

如果我们把社会职业形象笼统地划分为社会管理者形象、精神生产者形象和物质生产者形象，那么上面这种表现伦理道德价值的形象主要集中在前两者。我们选取了四种版本小学语文教科书从第 5 册开始的课文进行梳理，统计其所牵涉的人物形象（有些名人形象多次出现在该套教科书中，说明不同课文从不同角度选取了这一形象），再从社会管理者、精神生产者和物质生产者这三类职业形象的角度出发，对这些人物形象的环境和具体行为展开分析，以帮助我们了解小学语文教科书对职业形象的塑造。这四种版本的人物形象的统计如下：

1. 人民教育出版社全日制十年制学校小学课本（1979 年版）

王二小、巴特、明明、小文、列宁、王冕、秋平、毛主席、周恩来、李永勤、王宁、朱总司令、王阿姨、志刚、燕燕、小勇、毛泽东、邓妈妈、周总理、鲁迅、列宁、赵一曼、朱德、欧立希、小东、小牛、黄继光、冼星海、周恩来、方志敏、鲁迅、李时珍、富尔顿、伽利略、亚里士多德、老赵、王叔叔、亮亮、小松、嫦娥、李自成、更嬴、马良、毛泽东、童第周、陶佳、湘湘、牛顿、爱迪生、白求恩、老王、二虎子、三妞、周恩来、叶挺、小叶、罗盛教、崔滢、努尔古丽、小辰、田大叔、朱德、王若飞、列宁、洛班诺夫、老钱、苏老师、怀丙、西门豹、东郭先生、海力布、蔡伦、聪聪、女娲、李时珍、爱迪生、周恩来、叶挺、小扬眉、猪八戒、旗手、团参谋长、毛泽东、罗瑞卿、气象员、猎人、彭总、团长、大娘、大嫂、小金花、赵大叔、唐打虎、董存瑞、马克思、恩格斯、陈秉正、王新春、高尔基、王宝、刘石忠、周扒皮、小丁、显满、连青、鲁迅、周瑜、诸葛亮、鲁肃、曹操、孙悟空、李天王、哪吒、阎振山、老水牛、老姜头、老田、颜黎明、冰心、小青石、小朱、朱汉明、大林、阿成、赵爷爷、邱少云、小梁、周总理、闰土、大仓、市太、川本、小桂花、彭总、朱德、蔺相如、廉颇、鲁班、东坡、红罗女、王母娘娘、颜黎明、冰心、小青石、小黑石、小牛犊子、团长和政委、阿成、邱少云、指导员、炊事班长、飞行大队长、闰土、大仓老师、小桂花、周总理、彭总、铁人、朱德军长、毛委员、卖火柴的小女孩、鲁班、毛泽东、董必武、列宾、王二小、刘少奇、桑娜、西蒙、雨来、李大叔、三钻儿、铁头、王先生、田寡妇、秋生、玲玲、凡卡·茹科夫、康斯坦丁·马卡里奇、叙利奥、武松、詹天佑、达尔文、藤野严九郎、妲布、勒墨、勒堆厄、勒若、张思德、司马迁、李鼎铭、周总理、小周、王吉文、黄元庆、小高

2. 人民教育出版社九年义务教育六年制小学教科书·语文（2001年审查通过，2002年版）版的社会管理者形象统计

列宁、朗志万、伊琳娜、李叔叔、阿普赫利斯基、老山羊、凤凰、珍妮、高尔基、库伯、牛顿、卡特、童第周、孙中山、阿玲、白求恩、伦纳德夫人、小苇、欧阳海、小光、怀丙、杰克逊、哈默、陈赓、列宁、巴果基、西门豹、海力布、加利、雷利、阮恒、克莱谛、鲁迅、阿三、周恩来、小金花、雨来、李大叔、铁头、三钻儿、沃克、刘伯承、小梁、闰土、康威老先生、吉特勒、小丽、达尔文、菲格雷特、伊瓦诺、菲格雷特、鲁迅、阿曼达、马玉、葛振林、宋学义、胡德林、胡福才、雨来、铁头、三钻儿、伊瓦诺、达尔文、菲格雷特、沃克、刘大川、刘伯承、小梁、闰土、康威、吉特勒、小丽、维勒尼克、楚玉、曹操、周瑜、黄盖、诺贝尔、福勒、西曼、鲁本、多拉、扬科、王赣骏、董建华、乌塔、哈尔威、奥克勒福、洛克、克莱芒、贝多芬、正太郎、安田、田忌、齐威王、孙膑、齐王、晏子、刘老师、孙膑、楚王、曹操、周瑜、黄盖、诺贝尔、毛泽东、福勒、西曼、鲁本、扬科、奥尔加·伊万诺夫娃、凡卡·茹科夫、阿里亚西涅、康斯坦丁·马卡里奇、日发略维夫、菲吉卡、阿辽娜、艾果尔、叙利奥、西奥多·罗斯福、孔子、毛泽东、林伯渠、朱德、聂荣臻、余新江、莺儿、邱少云、巴迪、费奥多罗夫、霍金、牛顿、牛郎、织女、王母娘娘、玄奘、张作霖、阎振三、星儿、李大钊、张思德、司马迁、李鼎铭、瓦尔德内尔、刘国良、邓亚萍、玄静和、李宁、李小双、宋庆龄、詹天佑、鲁滨孙、张择端、高敏、伏明霞、栾菊杰、肖爱华、叶冲、董兆致、王

海滨、布勃卡、德弗斯、刘易斯、埃文斯、索托马约尔、奥蒂、吉普凯特、莫塞利、宋庆龄、李燕娥、孙中山、戴维、科宁斯、埃利诺、罗斯福、哈武德、富兰克林·罗斯福、周瑜、诸葛亮、鲁肃、曹操、赵王、秦王、蔺相如、廉颇、武松、麦隆内夫人、居里夫人、桑娜、西蒙、斯巴达克、科林、达菲、伯诺德、杰克、杰奎林、米德、玛琳娜、王羲之、欧阳询、索靖

3. 语文出版社义务教育课程标准实验教科书·语文（2005 年版）

马哈多、茅以升、达尔文、周恩来、陈毅、炎帝、阿凡提、哪吒、卡林、张衡、怀丙、布斯、伦纳德、陶行知、阿兰·图灵、宋庆龄、戚继光、重耳、介子推、东郭先生、皮诺曹、林巧稚、约翰、贝利、克莱谛、小泽征尔、李四光、魏格纳、陈赓、张嘎、林则徐、许海峰、桓景、费房长、牛郎、织女、陈嘉庚、陈小龙、曲洪、阿曼达、让·彼浩勒、齐宣王、南郭先生、齐湣王、巴斯德、埃米尔、梅斯泰尔、维尔皮昂、格朗谢、米蒂、孔子、师襄、周文王、屈原、楚王、秦王、西门豹、汤姆·索亚、俞伯牙、普季克、狼牙山五壮士、雨来、邱少云、柳公权、黄帝、梅兰芳、唐玄奘、杨子荣、武松、齐天大圣、汤姆、默林、马宝玉、葛振林、宋学义、孔子、柳公权、黄帝、梅兰芳、唐玄奘、胡德林、胡福才、朱自清、达妮、丹尼斯、子路、杨子荣、武松、齐天大圣、二郎神、颜回、格萨尔王、刘三姐、黄道婆、觉如、嘉察、冬不拉、阿肯、南丁格尔、常香玉、居里夫人、麦隆内夫人、花木兰、范仲淹、郑成功、王承书、温利、加伦、纳塔莉、威廉、闰土、凡卡、孔明、周瑜、鲁肃、佩佳、左宗棠、张文裕、邓世昌、康斯坦丁·马卡里奇、桑丘、潘沙、堂-吉诃德、克利斯、马丁、汉斯、尼尔斯、詹天佑、文天祥、光未然、冼星海、怀特森老师、毛泽东、鲁本、格罗培斯、蔺相如、廉颇、奴隶英雄斯巴达克、桑提亚、曹操、程昱、文骋、黄盖、鲁滨孙、鲧、禹、大卫、夸父、普罗米修、宙斯、女

娲、秦孝公、商鞅、狄仁杰、孔子、毛泽东、拉曼、达尔文、桑娜、鲁迅先生、哈尔威、陆羽、李季卿、刘老师

4. 北京师范大学出版社义务教育课程标准实验教科书·语文（2007年版）

南郭先生、华罗庚、更赢、魏王、珍妮、菲利比斯、田忌、孙膑、怀丙、李四光、卞和、楚厉王、武王、文王、朱德、彭德怀、李时珍、鲧、禹、巴金、法布尔、娜塔娅、玛丽娜、罗伯特、罗纳德、布鲁克斯、托哈提、阿伊霞、阿吉、刘长喜、罗兰·希尔、艾丽斯、卢生、萨克斯、理查三世、里奇蒙德伯爵、孔子、子夏、颜回、子贡、子路、子张、阿姆斯特朗、米勒、罗斯福、詹姆斯、田汉、聂耳、保罗·罗伯逊、毛泽东、周恩来、贝多芬、陈蕃、薛勤、让·彼浩勒、齐庄公、崔杼、琳达、齐景公、晏婴、驺子、伦纳德、伍若兰、陈毅、张迎善、温迪、冼星海、王富洲、贡布、屈银华、刘连满、恺撒大帝、张骞、汉武帝、邓稼先、陈嘉庚、汉明帝、巩乃斯、杨承斋、王昌龄、司马迁、R先生、莉贝卡、韩愈、贾岛、王安石、包公、诸葛亮、哈尔威、奥克勒福大副、洛克、克莱芒、伯瑙德夫人、雅克、杰奎琳、海娃、张连长、小胡子、黑狗子、瓦特、爱迪生、贝尔、莱特兄弟、惠特尼、杰斐逊总统、柏波罗、布鲁诺、爱迪生、阿普拉、宋妈、韩老师、成吉思汗、蔺相如、廉颇、韩勃、李延、周易、董羽、叶公、杨子敬、关羽、诸葛亮、柳宗元、李贺、林冲、武松、鲁智深、岳飞、李易安、林琴南、林黛玉、贾宝玉、莎士比亚、巴金、朱熹、家明、缅伯高、小赵、王七、凡卡·茹科夫、阿里亚希涅、康斯坦丁·马卡里奇、日发略维夫、斐吉卡、阿廖沙、艾果尔、普罗米修斯、宙斯、老赫利俄斯、海格立斯、金奎叔、魏王、西门豹、河伯、巫婆、来头、东东、丸山老师、徐霞客、斯巴达克斯、周总理、桑娜、西蒙、杨震、西施、楚灵王、比次、罗森塔尔、卡米拉、西蒙、杜西贝拉、蒲松龄、白媪、崔颢、爱淇、

孙晋芳、郎平、弈秋、鲁迅、关公、雷棣、雷润民、罗伯特、丽莎、尤金、瑞恩、莱斯、柯妮、蒂姆迪、法兰西、金玉顺、李德远、娜塔莎、江宁、桑巴哈、多列尔、雨来、铁头、三钻儿、李大叔、马宝玉、葛振林、宋学义、胡德林、胡福才、吴王、乾隆、岳飞、文天祥、史可法、史德威、秋瑾、福王、李冰、何先生、葛修润、叙利奥、河子、赵王、甘罗、庞暖、李陶、甘福、姜太公、周文王、纣王、廉颇、蔺相如、燕王、张唐、小梁、南丁格尔、斯瓦米纳森、袁隆平、怀特森、比利、詹天佑、李比希、波拉德、诺贝尔、马蒂尼里、安东尼里、克利帕、马尼利、奇奥蒂尼、斯巴多尼、达尼埃里、阿连蓬巴尔

（一）社会管理者形象

社会管理者形象泛指所有政治人物以及履行国家职责、保证国家机器运转的人员，这类形象占了小学语文教科书塑造的人物形象的大部分，如黄帝、嫘祖、汤武、禹、秦始皇、汉武帝、马援、班超、诸葛亮、唐太宗等，都是曾经建功立业的青史留名者。近现代除了塑造我国的社会管理者形象外，还塑造了外国的社会管理者形象如华盛顿、列宁等。对于古代的历史名人，在介绍这些人物时，都对其作为社会管理者形象的功业进行了具体的描述，如课文《禹》："古时洪水为患，民无安居之所。帝舜忧之，命禹治水，禹乃苦心壹志，导水入江河，顺流至于海，在外十三年，三过家门，未遑一入，水患始平。舜以禹有大功，禅以帝位。禹乃继舜为天子，国号曰夏。"

但是对于近现代的名人，则更多借助其作为社会管理者方面的名人身份，来传递某种道德伦理价值，比如小学语文教科书中的列宁形象，有《诚实的孩子》《灰雀》《蜜蜂引路》，这三篇课文塑造的列宁形象都与作为社会管理者的形象的职业行为关联不大。下面是2004年人教社推出的义务教育课程标准实验教科书二年级下册第26课《蜜蜂引路》原文：

1922 年，列宁住在莫斯科附近的一座小山上。当地有个养蜂的人，列宁常常**派人**去请他来谈天。

有一回，列宁想找那个人谈谈怎样养蜂。可是往常派去找他的人到莫斯科去了，别人都不知道他住在哪里，**列宁就亲自去找**。

列宁一边走一边看，发现路边的花丛里有许多蜜蜂。他仔细观察，只见那些蜜蜂采了蜜**就**飞进附近的一个园子里，园子旁边有一所小房子。列宁走到那所房子跟前，敲了敲门，开门的果然就是那个养蜂的人。

养蜂的人看见列宁，惊讶地说："您好，列宁同志，是谁把您领到这儿来的？"列宁笑着说："我有向导，是您的蜜蜂把我领到这儿来的。"

这篇课文塑造了列宁细致观察、善于思考推断的形象，并没有表现其作为社会管理者的职业形象，诸如体现亲民、平等、繁忙、魄力之类的言行。在这一方面，小学语文教科书对毛主席和周总理的形象刻画比较符合社会管理者形象，如呈现毛主席形象的《吃水不忘挖井人》《开国大典》《八角楼上》《青山处处埋忠骨》《毛主席在花山》，以及呈现周总理形象的《难忘的泼水节》《一夜的工作》等。同时，对人民英雄的事迹介绍也体现了作为社会管理者形象的言行，比如课文《黄继光》《邱少云》塑造了为国家和民族利益勇于牺牲的职业形象。

（二）精神生产者形象

所谓精神生产者，是指为满足人类精神文化生活需要而从事生产活动，关注人的内心和社会的精神生活层面，着重探索人的内部精神世界，为人类提供精神产品以满足人类求知、审美、娱乐、情感等精神需求为目的的人员，其生产过程和结果具有抽象性、创新性、传承性等特点。精神生产的范围涉及哲学、自然科学、社会科学、工程技术和文学艺术等几乎人类生活的全部领域，是人类区别于动物的自觉的、有目的的活动。有些社会管理者，本身又是精神生产者，比如毛泽东，既是国家领导人，同时也为国家和社会提供了丰富的精神产品。这里探讨的精神生产者形象主要是教师、科学家和艺术家。教师是过去历史上所有高尚而伟大的人物跟新一代之间的中介，是那些争取真理和幸福的人的神圣遗训的保存者，同时也是克服人类无知和恶习的大机构中的活跃而积极的成员。从这一点来说，父母和其他社会领域的工作者，都充当了教师职业的角色。比如课文《动手做做看》中的郎志万：

> 法国科学家郎志万，有一次向几个小朋友提了一个奇怪的问题："一个杯子装满了水，再放进别的东西，水就会漫出来。如果放进一条金鱼，却不是这样。这是为什么？"

> 一个小朋友说："因为金鱼身上有鳞。"

> 另一个小朋友说："一定是金鱼把水喝下去了。"

> 伊琳娜觉得他们都没说对，但自己又想不出道理来。她回到家里问妈妈。妈妈说："不能光想，你动手做做看！"

> 伊琳娜找来一条金鱼，把它放进一个装满水的杯子里。哎呀，和郎志万说的不一样，水漫出来了。

> 伊琳娜越想越生气，第二天一早就去问郎志万："您怎么可以提出这样的问题，来哄骗我们小朋友呢？"

> 郎志万听了，哈哈大笑。他说："我不是哄骗你们。我是想让你们知道，科学家的话，也不一定都是对的，要动手做做看。"伊琳娜听懂了郎万志的话，高兴地笑了。

从职业身份角度来看，郎志万是一个从事科学研究的科学家，而不是专门从事教育工作的教师，但课文塑造的郎志万形象只是把他充当教师角色来进行刻画，这种处理与真正塑造老师的课文不同，如《大仓老师》《难忘的八个字》《难忘的一课》《我最好的老师》等不同。《我最好的老师》（有些版本的标题为《一个这样的老师》）塑造了怀特森这个职业教师的形象，怀特森先生作为一个有个性、教学方法独特的教师，刻画了他独立思考，有质疑精神，敢于冒着被人误解和攻击的风险，用出乎意料的方法来培养学生不迷信权威、不迷信课本的怀疑精神。还有课文《画阳桃》通过刻画老师面对大家取笑某个同学的作品时的表现，塑造了一个有创新精神的教师形象：

老师看了看这幅画，走到我的座位坐下来，审视了一下讲桌上的阳桃，然后回到讲台，举起我的画问大家："这幅画画得像不像？"

"不像！"

"它像什么？"

"像五角星！"

老师的神情变得严肃了。半晌，他又问道："画阳桃画成了五角星，好笑吗？"

"好……笑！"有几个同学抢着答道，同时发出嘻嘻的笑声。

于是，老师请这几个同学轮流坐到我的座位上。他对第一个坐下的同学说："现在你看看那阳桃，像你平时看到的阳桃吗？"

"不……像。"

"那么，像什么呢？"

"像……五……五角星。"

"好，下一个。"

老师让这几个同学回到自己的座位上，然后和颜悦色地说："提起阳桃，大家都很熟悉。但是，看的角度不同，阳桃的样子也就不一样，有时候看起来真像个五角星。因此，当我们看见别的人把阳桃画成五角星的时候，不要忙着发笑，要看看人家是从什么角度看的。我们应该相信自己的眼睛，看到是什么样的就画成什么样。"

这位教师的表现既教育了同学们，也激励了"我"大胆创新。

在精神生产者形象的塑造方面，除了教师职业形象的塑造外，科学家、思想家、艺术家形象也是小学语文教科书重点介绍的内容，如伽利略、瓦特、伽利略、牛顿、居里夫人、巴斯德、霍金、富尔顿、爱迪生、李时珍、鲁班、李四光、茅以升、孔子、马克思、恩格斯、达尔文、达·芬奇、司马迁、鲁迅、巴金、高尔基、冼星海、贝多芬、光未然、王羲之等，对这类职业形象的塑造主要集中在善于观察发现、善于思考提问以及面对逆境时勇敢与命运抗争的执着追求上。1904 年商务印书馆最新国文教科书初等小学用第 6 册课文《汽机》就塑造了瓦特的形象：

　　凡物冷则缩，热则涨，以壶煮水，水沸化汽，则盖自开，此涨力之易见者也。英人瓦特，少时见壶中蒸汽，怪之，镇坐炉旁，以求其故。久之大悟，乃创汽机。其法，以大锅煮水令发汽以通于汽筒。筒中置棒，上下有小门，能自开合，下门开，则汽入筒之下部，推棒使上，上门开，则汽入筒之上部，压棒使下，更以轮机，系于棒端，棒动而轮机自动矣。

　　瓦特观察发现，"怪之"体现了瓦特敏锐的问题意识。还有课文《奇怪的大石头》中的李四光，《邮票齿孔的故事》中的阿切尔，《世界地图引出的发现》中的魏格纳，都塑造了发明家或发现者善于观察发现的能力。《两个铁球同时着地》中的伽利略，《全神贯注》中的罗丹，《向命运挑战》中的霍金，等等，这些课文都通过选取事件、刻画细节来体现这些科学家或艺术家的顽强、执着和专注的品质，正是这些品质成就了科学家或艺术家的事业，而不是事件本身与科学家的成就有直接的关联。不过，通过事件本身来塑造科学家的职业形象并不多，课文《最佳选择》呈现的设计师格罗培斯就是一个典型代表，作为职业设计师，格罗培斯思考探索的事件描述与其从事的职业密切相关，他受葡萄园采摘方式的启发，采用人性化的环境营造来设计迪士尼乐园的路径，取得了巨大成功。

（二）物质生产者形象

　　物质生产者主要是指为人类社会生活提供各种物质产品和用品的从业人员，所谓"三百六十行，行行出状元"中的行业，就是指这些从事物质生产的不同职业。我们平时说人类有衣食住行的基本需求，围绕这些需求必然会衍生出许多职业。在从事这些职业生产的过程中本身也有发明创造，这一点有时与精神生产者形象又是交叉重叠的，如前面的瓦特发现了蒸汽的作用力，后来设计了轮机为出行提供方便，既是精神生产者，也是物质生产者。又比如课文《嫘祖》：

上古之民，未尝有衣服，其用以蔽体者，夏则树叶，冬则兽皮。及黄帝时，西陵氏有女曰嫘祖，为黄帝元妃，发明蚕丝之用，乃教民育蚕治丝，以制衣裳。

嫘祖发明蚕丝，后又应用于制衣，从事为人类的穿着提供产品的职业生产。小学语文教科书对职业形象的塑造，无论是物质生产者形象塑造，还是社会管理者、精神生产者形象塑造，都有一个共同特点，那就是更多借助职业形象来弘扬某种品质，如《路旁的橡树》中的修路工程师，《万年牢》中制作冰糖葫芦的父亲，秉持"公平买卖走正道，顾客点头说声好，回头再来这是宝，做生意讲实在是万年牢"的生意经。物质生产者职业形象的塑造不但呈现物质生产的场景，还需要有物质生产的具体人物形象和具体的事件。如1904年商务印书馆最新国文教科书第6册有一篇课文《共织》：

齐女徐吾者，齐东海上贫妇人也，与邻妇李吾之属，相聚夜织。徐吾家最贫，不能具烛，李吾欲去之。或谓李吾曰：彼惟无烛，故常先至洒扫，以待来者。夫一室之中，增一人，烛不为之暗，去一人，烛不为之明。有益于彼，而无损于汝，胡弗为也？李吾然其言，乃与共织。

类似这种既有对具体物质生产场景的描写，也有对具体人物形象思想言行描述的课文，在小学语文教科书中还有《挑山工》《峨眉道上》《刷子李》《父亲的菜园》等。《挑山工》中挑货上山的山民，描绘了他们艰辛的劳作和惊人的毅力；《峨眉道上》中背着石板攀登天梯的铺路工，与空手、轻装走在陡坡上还感到非常吃力的游客形成鲜明的对比，突显铺路工的艰辛；《刷子李》刻画了干粉刷的刷子李的高超技术，他刷浆时必穿一身黑，干完活，身上绝没有一个白点。课文通过其徒弟的观察来描写刷子李的刷浆行为："只见师傅的手臂悠然摆来，悠然摆去，如同伴着鼓点，和着琴音，每一摆刷，那长长的带浆的毛刷便在墙面'啪'地清脆一响，极是好听。啪啪声里，一道道浆，衔接得天衣无缝，刷过去的墙面，真好比平平整整打开一面雪白的屏障。"另外，教材展现的敬业人物品德形象还体现在《父亲的菜园》一文中父亲的执着与勤劳上。《父亲的菜园》描写了父亲开辟新菜园的劳动过程，从砌墙、挑土、培土到种植，付出辛劳和汗水，最终换来了"春有菠菜、莴笋，夏有黄瓜、茄子，秋有辣椒、南瓜，冬有萝卜、白菜。一年四季，都是一片诱人的翠绿"的收获。像这种直接呈现物质生产者劳动场景和劳动过程的课文，在国家实施九年义务教育前的小学语文教科书中比较多，如《在福特工厂里竞赛》《女拖拉机手梁军》《火车女司机田桂英》《一分钟也不让它停工》等，1978 年后的全日制十年制语文课本，有《饲养员赵大叔》《插秧比赛》《劳动的开端》。《插秧比赛》对劳动场景的描写非常生动：

人们站在田埂上。水平如镜的田里，老模范显满叔和农中毕业生连清，一老一少，各自手拿一把稻秧，并排站着。他们两个摆开架势，只听见大队书记老黄一声令下"起！"便刷刷地插起秧来。

只见显满叔左手大拇指一挑，一束秧苗就自动跳出来。你还来不及眨眼睛，水花溅处，田里便抹下了一条整整齐齐的绿线。他退后半步，左手秧苗又早分出，手一挥，又是一行。连清如影随形，紧紧跟着显满叔。两个人手一般快，脚步一般齐。一片绿色的锦绣随着铺了开去，田埂上的人看得眼花缭乱，气都匀不过来。阿虹妹那双黑灵灵的眼睛从左跟到右，手也一捏一捏的。两人从田头插到田尾，几乎同时插完。连清还要快上一行秧。

大伙轰雷似的叫好。显满叔瞅了连清一眼，含笑道："好！好！到底上了年岁了。我插了三十年秧，还是头一遭遇到对手哩！"